KB076219

여행자가 주는
인생 레시피

여행자가 주는
인생 레시피

최두형

이미지북

인간은 태어나서 하늘로 소풍을 가기까지 삶이란 공간을 여행하는 여행자이다. 누구는 그 여행길에서 좌절하고 고통 받는가 하면, 또 누구는 행복한 삶을 누리기도 한다.

그러나 막상 "그대는 진정 행복한가?", "행복한 삶을 살고 있는가?"라고 물으면, "그렇다"고 자신 있게 대답할 수 있는 사람이 몇이나 될까? 또한 매 순간 최선을 다해 살고 있다고 말할 수 있는 사람이 얼마나 될까?

가진 사람은 가진 사람대로, 부족한 사람은 부족한 대로, 성공한 사람이든 실패한 사람이든 간에 상처가 있으며 슬픔과 고통이 있기 마련이다. 이처럼 행복한 삶은 돈이나 성공으로 표현할 수 있는 것은 아니다. 나를 포함해 가족과 주위 사람들이 건강한 삶을 누린다면 그것이 곧 행복이다.

물론 각자가 가진 행복이란 그릇이 모두 똑 같을 수는 없다. 그릇의 크기에 따라, 무엇을 어떻게 담느냐에 따라 달라진다. 누구나 감당할 만큼의 자기 그릇이 있는 것이다. 그이상을 원한다면 그건 과욕이다. 넘치는 것보다는 조금 부족한 듯 사는 것이 세상을 사는 지혜이다.

인생이라는 삶을 여행하는 동안 보고, 배우고, 느끼고, 깨달은 것들이 아주 많다. 그것들은 나를 있게 한 힘이었으며, 내 마음이 흐트러질 때면 바르게 살아가도록 만드는 힘, 즉 '나의 마음가짐'이 되었다. 또한 이것들은 '나의 인생철학'이 되었으며, '나의 행복 10계명'으로 정리되었다.

　『여행자가 주는 인생 레시피』는 인생의 지침이 되거나 감명을 받았던 글, 매스미디어를 통해 얻은 통찰의 글들을 내 인생 철학에 덧붙여 상차림을 한 것이다. 하여 그 반찬이 특별하거나 화려하지도 않다. 우리가 매일 먹는 반찬 같은 맛이며, 살아가면서 느끼지만 실천에 옮기지 못한 것들이다. 그러나 인생 선배로서 살아온 삶의 지혜를 후배들과 나누는 것 또한 기쁜 일이 아니겠는가.

　이 글을 읽는 젊은이들이 미래를 설계하고, 청장년들이 사회생활을 하는데 행복한 길 안내자가 되는 인생의 레시피가 되었으면 한다.

2013년 2월

서암 최두형

5

● 사회생활

[행복 10계명]

[나의 마음가짐]

❖ ❖

누구나 인생의 지침이 되는 금언이나 좌우
명을 마음에 새기고 살아간다. 그것은 자
신이 바른 길을 걷지 않을 때 나침반이 되
어 주기도 하고 혹은 정신이 흐트러질 때
자신을 내리치는 죽비가 되기도 한다.

❖ ❖

01
나 자신을 먼저 알고
분수를 지켜 마음의 평화를 찾자

 마음의 평화는 헛된 욕망의 충족에 의해 생기는
것이 아니라 그 같은 욕망을 버림으로써 얻어지는
것이다.

*

탈레스는 "어려운 일이 무엇이냐?"는 사람들의 질문을
받고, "자기 자신을 아는 것이 어려운 일이며, 쉬운 일이라
면 남을 충고하는 일"이라고 대답했다고 한다.

"너 자신을 알라"는 이 명언은 고대 그리스 델포이의 아
폴론 신전神殿 현관 기둥에 새겨졌다는 이 말은 우리가 너
무나 잘 아는 명언이다.

소크라테스는 인간의 지혜가 신에 비하면 하찮은 것에
불과하며, 무엇보다 먼저 자기의 무지無知를 아는 철학적 반

성이 중요하다고 생각해 이 금언을 자신의 철학적 활동의 출발점에 두고 새로운 진리를 향해 탐구해 나갔다.

또한 법구경에는 "자신의 어리석음을 아는 것은 이미 지자智者이다. 스스로 지자를 칭하는 것은 가장 어리석은 사람이다"라고 했다. 스스로 지혜가 있다고 말하는 것만큼 어리석은 사람도 없다는 말이다. 자신의 어리석음을 인정하는 것은 그것을 행동으로 옮기는 것보다 더 어렵다. 자신이 누구인가를 스스로에게 물어보면 얼마나 무지한가를 알 수 있다고 했다.

우리 인간의 삶은 그것은 분별하는 데서부터 시작된다. 무엇을 아는 것에 의해서가 아니라 아는 것을 실천할 때 비로소 지혜로운 사람이 될 수 있다. 나 자신을 아는 것, 그것을 삶의 목표로 삼아야 한다. 그것이 세상에서 가장 어려운 교훈이다.

세상을 살면서 우리 스스로가 경계해야 할 가장 큰 적은 자신 속에 존재한다. 자신을 안다는 것은 곧 자기 분수를 안다는 말이다. 때문에 항상 지나침이 없는지 자신을 돌아보고 성찰해야 한다. 자신이 모르고 있던 자신을 발견해 부족한 것은 채우고, 넘치는 것은 비워내면서 새로운 삶의 좌표를 세워 그 길로 나아가야 한다.

**

 자기 신분이나 처지를 망각하고 신중하지 못하거나 지나치게 행동할 때 또는 사회 통념이나 상식을 벗어날 때 "분수分數도 유분수有分數지"라는 말을 사용한다. 자기 신분에 맞는 한도를 마땅히 지켜야 한다는 말이다.

 이처럼 사람에게는 누구나 자신에게 합당한 직분이 있고 처지가 있다. 자기가 감당할 수 있을 만큼의 그릇 크기가 있는 것이다. 모든 일에 지나침이 없고 알맞게 행동하는 것이 바로 분수를 지키는 일이다.

 분수란 사물을 분별하는 지혜요 생활의 지혜이다. 분수를 넘어선 지나친 욕심은 자신을 파괴시켜 불행한 인생을 초래하고 비극적인 삶을 불러온다. 그래서 자기 분수를 알고, 그 분수에 만족하고, 분수에 맞는 생활을 해야 한다.

 우리 몸의 많은 기관이나 눈, 코, 입, 귀, 손, 발 등이 자기 분수를 지키며 맡은 바 역할을 충실히 수행하고 있기에 우리 몸이 건강할 수 있다. 이 중 어느 하나라도 자기 분수를 잃고 고장이 나면 건강을 잃고 목숨까지도 잃는다.

 자기 분수를 지켜가는 삶은 아름답고 행복하다. 이 분수를 지켜가면서 살아갈 때 삶은 온전히 내 것이 되지만, 분수를 넘어서 성취한 결과물은 자기 것이 되지 못한다. 풍요로운 것 같고, 또 한순간 성공한 삶처럼 보이지만 그것은 봄밤의 짧은 꿈이요 모래 위에 세운 누각일 뿐이다.

"지족가락知足可樂이요, 무탐칙우務貪則憂니라. 지족자知足者는 빈천역락貧賤亦樂이요, 부지족자不知足者는 부귀역우富貴亦憂"라 했다. "족한 줄 알면 즐거울 것이요, 탐욕에 힘쓰면 근심이 있다. 족한 줄 아는 사람은 가난하고 천해도 즐겁고, 족한 줄 알지 못하는 사람은 부富하고 귀하여도 근심한다"는 말이다.

분수를 지킬 줄 아는 것이야말로 지혜로운 사람의 도리이며, 내일을 위해 오늘 분수를 지키는 것이 현명한 사람의 도리라고 했다. 이처럼 자기 분수를 지키며 사는 것처럼 중요한 일은 없다. 세상 사람들이 자기 분수를 지키면서 살아간다면 세상의 많은 문제들은 사라질 것이다.

또한 학생이 본분을 지키면 나라의 미래가 밝고, 기업인이 본분을 지키면 그 회사가 발전하고, 주부가 본분을 지키면 가정이 평화롭고, 가장이 본분을 지키면 행복한 삶을 누릴 수 있다. 각자의 분수를 지키며 사는 삶이 행복이다.

* * *

우리는 마음의 평화를 원한다. 마음이 평화롭다는 것은

어떤 상태일까? 아무 것도 원하지 않고 그대로 있는 것, 마음이 잔잔한 호수처럼 고요하다는 것, 그 호수에 돌을 던져도 그대로 받아들이고 출렁이다 다시 고요해지는 것일까?

어떻게 하면 마음이 평화로워질까?

헤르만 헤세는 "늘 우리의 내부에 깃들어 있으면서 우리를 떠나지 않는 그런 마음의 평화는 존재하지 않는다. 마음의 평화는 언제나 되풀이되는 부단한 투쟁에 의해서 나날이 새롭게 쟁취하지 않으면 안 되는 것이다. 모든 정의로움이 그러하듯이 마음의 평화는 투쟁이고 희생"이라고 했다.

우리가 생각하는 마음의 평화는 투쟁과 희생을 통해 얻어진 성공이며, 이 사회를 위해 혹은 가족을 위해 꼭 필요한 존재가 되기 위해 최선을 다했다는 사실을 스스로가 아는 데서 느껴지는 뿌듯함인지도 모른다. 하지만 우리는 무엇이 성공인지에 대한 정의조차 인식하지 못하고 살아간다.

인류의 역사를 살펴보면, 인간은 성공의 척도로 추구했던 돈·성·권력·명예 등을 무의식적으로 받아들이며, 그 제한된 성공 자원을 쟁취하느라 적자생존의 게임 속으로 스스로를 밀어넣으며 살아간다. 지상 최대의 행복이라는 최종 목표와는 달리 오직 성공만을 위해 먼 길을 향해 질주해온 것이다.

미국의 전설적인 대학 농구감독 존 우든은 학창 시절 한 선생님으로부터 "성공이란 무엇인가?"라는 질문을 받고, 그의 인생을 통해 답을 찾은 결과 80세가 넘어서야 '마음의 평화'라는 답을 찾았다고 한다.

마음의 평화는 항상 가까운 곳에 있기에 다른 데서 찾을 필요가 없다. 내가 행하여 마음이 평화로워진다면 그것이 바로 평화이다. 마음의 평화는 내가 나에게 줄 수 있는 최고의 선물로, 어느 누구도 그것을 대신할 수는 없다.

과거에 무슨 일이 있었건 내 삶을 사랑하고, 나와 함께 그것을 공유했던 사람들을 사랑함으로써 자신을 용서할 수 있다. 자기 분수를 망각한 교만하고 탐욕적인 사람은 마음이 평온하지 못하다. 오로지 세속적이고 외면적인 것에만 집착하는 사람의 마음속에는 진정한 마음의 평화가 찾아들지 않는다.

진정한 마음의 평화와 평안은 외부의 어떤 자극에도 불구하고 내 자신의 마음에서부터 나온다. 자신의 탐욕을 줄이고 거듭날 때 진정한 마음의 평화를 얻을 수 있다.

＊＊＊＊

나는 매일매일 내 분수를 지키며 살아가려고 노력한다.

하지만 노력해도 안 되는 것들이 많다. 이처럼 내 능력 이상의 것을 얻기 위해서는 그 능력을 가진 이들에게 의존할 수밖에 없다. 이때 자기 분수에 넘치는 것을 원할 경우 탈이 난다. 내가 감당할 수 있는 그릇의 양보다 많을 경우 흘러넘칠 뿐 아니라 타인에게 곤란한 청탁을 하기 때문이다. 그래서 난 주위 사람들에게도 항상 자신의 분수에 맞게 살아가라고 말한다.

부족하면 부족한 대로, 불편하면 불편한 대로 최선을 다했을 때 진정한 내 것이 될 수 있다. 내 것이 아닌 남의 것을 욕심냈을 때 마음은 사악해지며, 그 사악한 마음으로는 진정한 마음의 평화를 얻을 수 없다.

그래서 "너 자신을 알라"는 이 금언을 마음속에 새기며 산다. 자신의 분수를 알고, 자신의 분수에 맞게 살라는 뜻으로 이해하면서 말이다. 하늘 높이 힘차게 솟아오르는 분수噴水가 아름다운 것은 내려올 때를 잘 알기 때문이다.

무엇이든 영원히 오를 수는 없다. 그것이 권세든 부든 말이다. 더 오를 곳이 없으면 내려오는 길밖에 없다. 내려올 때를 진정으로 아는 사람만이 자신을 사랑할 수 있고, 자기의 분수에 감사하며 만족할 줄 아는 사람만이 진정한 인생의 행복자이다.

인생의 행복자는 실패나 성공의 경험들이 자신을 더 깊게 뿌리내려준다는 것임을 잘 알기에 사소한 것에 집착하지 않고, 깊고도 넓은 마음의 평정 속에서 그 순간들을 즐기고 넉넉하게 살아낼 줄 안다.

합리적인 생활을 하기 위해서는 항상 자신의 분수를 알아야 한다. 자신의 나이, 직위, 경제적 능력, 건강 상태, 장점과 단점을 알고 분수에 맞는 행동을 해야 한다.

분위기에 맞는 행동을 하고, 자신이 처해 있는 문화와 관습에 맞는 행동을 하는 것이 현명하게 지혜롭게 사는 방법이다. 삶의 나무에서 쓸데없는 가지들은 과감하게 쳐내고 단순하게 사는 법을 배울 때 마음의 평화를 얻을 수 있다.

02 욕망을 절제하여 허영심을 없애자

 인간의 허영은 선악을 가리지 않는다.
오로지 최고가 되려고 할 뿐이다.
—아드리드 샤흐

＊

　태초의 아담과 하와가 신神이 금한 선악과를 따먹던 그 순간부터 욕망은 인간의 내면에 존재해 왔다. 단순히 목숨 보전을 위한 '생물학적인 욕망'에서부터 삶의 질을 높이기 위한 '자기 실현의 욕망'에 이르기까지 단계와 정도의 차이는 있지만 욕망을 좇아 살아가고 있다.

　이 욕망은 무엇을 하고자 하는 간절한 마음이요, 결핍과 부족함을 채우려는 노력이다. 욕망은 마음에서부터 싹 터 자라는 것으로 도리나 분수를 넘어 탐내거나 차지하려는 마음이고, 분수에 넘치는 일을 바라는 마음이다. 남보다 더 앞서고 싶고, 더 높이 되고 싶고, 더 많이 갖고 싶고, 더 행복해지고 싶은 마음이다.

욕망은 항상 더 많은 것을 요구하기에 절대 충족되지 않는다. 아주 가깝게 보이는 지평선과 같아 달려가면 닿을 수 있다고 믿지만 결코 다다를 수 없다. 지평선이란 존재하지 않는 환상을 쫓음으로써 마음의 고통을 불러와 육체적 고통에까지 이르게 되면서 욕망으로부터의 해방 또는 초월이라는 문제를 자각하게 된다.

정신분석학자 라캉은 우리에게 질문을 던진다.

"지금 당신이 욕망하는 것이 진정으로 당신이 욕망하는 것인가?"

우리가 열망하는 욕망 대부분이 자신이 원하는 욕망이 아니라 다른 사람이 원하는 욕망이라고 냉정하게 분석한 것이다. 욕망을 경계하는 금언이 많은 이유는, 욕망이 매우 변덕스럽고, 원하는 것이 많고, 헛된 짓이 많아 이익보다는 손해가 많고, 악의 구렁텅이로 빠트리기 때문이다.

엔게르 팔트는 "당신이 이 세상에서 지니고 있는 것을 잘 이용하라. 자기 몸에 맞지 않는 욕망에 매달리는 것은 치수가 맞지 않는 남의 옷을 입고 싶어 하는 것과 같다. 당신에게는 당신의 노래가 있다. 그대의 노래를 부를 때 그대는 행복하리라. 자기 몸과 마음과는 전혀 다른 사람이 되고자 하지 말라. 그것은 불행의 시초"라고 했다.

＊＊

그러나 욕망은 에너지 그 자체이다. 에너지가 있어야 목표한 것을 이루고 싶은 욕망이 생겨난다. 그것을 이루고 싶어 자신을 희생시키면서 에너지를 태운다. 이 욕망의 에너지가 인간에게 동기 부여해 발전의 원동력이 되었으며, 끊임없는 변화와 성장을 거듭해 오늘에 이르고 있다.

나폴레옹은 "성취에 이르기 위한 출발점은 욕망이다. 보잘것없는 욕망은 보잘것없는 결과를 가져온다. 작은 불씨로는 작은 열을 낼 수밖에 없는 것과 같은 이치"라고 했다.

욕망은 행동과 자기 꿈을 실현시키는 힘이 되기도 한다. 어떤 사람들에게는 눈을 뜨게 하고, 성공의 길로 나아가게 하기도 한다. 욕망이 에너지와 결합해 결실을 맺는 것이다.

그럼에도 그릇된 욕망이나 절제되지 못한 욕망이 인간을 파멸하고, 인류에게 고통을 준 사실을 우리는 역사를 통해 배웠다. 또한 많은 사람들이 지나친 욕망을 경계했다. 욕망에는 항상 어둠의 그림자가 함께 하기 때문이다.

욕망은 인류를 발전시킨 도구이자 날카로운 칼이다. 따라서 욕망은 늘 절제가 요구된다. 아무리 선한 욕망이라도 조율하지 않으면 욕망의 화신이 된다. 하나의 욕망이 이루어진 그 순간부터 또 다른 새로운 욕망이 생겨난다.

인간은 태어나서 죽을 때까지 무엇인가를 사용할 수는 있어도 그것을 소유할 수는 없다. 이 사실을 자각할 때 욕망으로부터 자유로워져 고통에서 벗어날 수 있다. 비록 타인과의 경쟁에는 적당량의 욕망이 필요하지만, 이에 집착하지 않고 즐길 때 마음의 평화를 얻을 수 있다.

욕망의 대상이 되는 모든 것은 인간이 살아있는 동안 잠시 이용하는 것뿐이다. 그렇기에 살아가는 동안 스스로 만족하도록 노력하고, 지나친 집착이 없도록 마음을 깨끗이 해야 한다. 끝없는 욕망의 추구는 쾌락이 아니라 가장 큰 고통이다. 소유의 욕망으로부터 자유로워질 때 모든 욕망으로부터 자유로워지고, 고통으로부터 벗어날 수 있다.

톨스토이는 "욕망이 작으면 작을수록 인생은 행복하다. 자유롭고자 한다면 욕망을 누를 수 있도록 자신을 훈련시켜라"고 했다. 자신에게 없는 쓸데없는 욕심으로 현재 것까지 망쳐서는 안 된다고 말한다.

자신의 욕망을 채우기 위해 잃어버린 것들이 없는가 생각하고, 지금의 욕망을 억누르고 마음의 평온을 갖도록 힘써야 한다. 마음의 평화는 욕망의 충족에 의해 생기는 것이 아니라 자신 안에 자라고 있는 욕망을 버림으로써 얻어진다.

*＊＊

그렇다면 허영심이란 무엇일까?

체스터필드는 "사람들로부터 칭찬받고 싶은 마음은 어떤 시대, 어떤 인간도 반드시 갖고 있다. 이 마음이 강해져서 어리석은 말이나 행동, 범죄 행위를 범하게 되는 경우도 있다. 그러나 대개 타인으로부터 칭찬받고 싶다는 감정이 향상으로 이어진다. 그러기 위해서는 그것에 상응하는 사려의 깊이, 향상심이 필요하다. 결과를 감안한다면 소중하게 키워나가도 좋은 감정"이라고 했다.

또한 니체는 "이 세상에서 가장 손상받기 쉬운 반면 정복되기 어려운 것이 인간의 허영심이다. 인간의 허영심은 손상받았을 때 오히려 힘이 커져 크게 부푸는 것"이라고 했다.

허영심은 타인을 거울로 사용하고, 명예가 무엇인가를 가르쳐주는 모든 인간적인 것 중에서 가장 인간적인 것이다. 하지만 우리가 남의 허영을 참고 견딜 수 없는 이유는 우리의 허영에 상처를 주기 때문이다. 그래서 사람과의 사귐에 있어서 가장 해로운 것이 허영심이라고 말한다.

라로슈푸코는 "아무리 격렬한 감정도 때로는 우리를 쉬게 해주지만, 허영심만은 우리의 마음을 결코 쉬게 하지 않는다"라고 했다. 사람들은 자기가 행복해지는 것보다 남에게 행복하게 보이려고 더 애를 쓰기 때문이다.

이처럼 허영심이 강한 사람은 자기의식을 남에게 의존하지 않으려고 한다. 남에게 행복하게 보이려는 허영심 때문에 자기 앞에 있는 진짜 행복을 놓치는 것이다.

* * * *

인간에게 욕망과 허영심이 없다면 세상은 삭막할 것이다. 적절한 욕망과 허영심은 장식품과 같아 삶에 활력소가 되기에 인간이 가장 좋아하는 것인지도 모른다. 그러기에 강한 중독성이 있으며, 너무나 달콤하기에 반드시 대가를 치러야만 한다.

분수에 맞지 않는 허영심은 욕망으로 이어지지만, 지적 허영심은 사람들에게 마음의 양식이 된다. 배움이나 지식에 대한 갈증이 채워질 때까지 전문서적을 독파하고 탐독하게 만든다. 자신의 머릿속에 지적재산으로 쌓일 때까지 노력하게 만드는 것이다.

오늘날 자본주의라는 달콤한 체재는 인간이 거부할 수 없는 환상의 나라를 만들어주었다. 동시에 매혹적이면서 달콤한 거부할 수 없는 욕망과 허영을 선물했다. 그것도 그 근본을 알 수 없는 욕망과 허영, 진실로 내 안에서 나온 욕망인지, 타인으로부터 만들어진 허영심인지 알 수도 없다.

이 알 수 없는 불안감과 이유 모를 소외감, 일에 대한 강박과 성공에 대한 집착, 살아가면서 느끼는 많은 좌절감은 욕망과 허영의 감정에서 비롯된 것이다.

그렇기에 난 욕망과 허영심을 '나의 마음가짐' 두 번째에 놓아 이를 경계하면서 실천에 옮기려고 노력하고 있다. 비록 욕망하지 않는 삶은 아무것도 이뤄낼 수 없고, 욕망의 표현은 사회를 변화시키는 원동력이지만, 자신의 분수를 지키지 못한 지나친 욕망은 다이어트가 필요하다. 절제된 욕망은 보기 좋게 살찌워 아름답게 만들어주지만, 무분별한 탐욕은 비만으로 만들어 다른 병을 불러오기 때문이다.

삶 속에 절제된 욕망을 넣어 피와 살이 되도록 해야 한다. 무절제는 예리한 칼날보다 더 무섭기에 스스로에게 엄격함으로써 인격을 완성해야 한다.

분수에 맞지 않는 욕망과 허영심은 자신뿐 아니라 사회도 병들게 한다. 욕망을 억제하는 법을 모르는 사람은 작은 실패에도 쉽게 좌절한다.

그래서 욕망과 허영심을 경계하는 많은 문학 작품이 탄생했으며, 인간의 잘못된 욕망이 부르는 파멸의 이야기를 수없이 들어왔다. 그러나 이 욕망과 허영은 어떤 상처에 의해서 비롯된 것이 아니라 스스로가 선택한다는 사실이다.

자기중심적인 생각을 버리고 자신을 억제하는 법을 배워야 한다. 욕망과 허영심의 절제만이 자기 자신을 자유로운 들판으로 인도한다. 재물과 명성과 권력은 인간에게 필요한 소모품일 뿐이다. 우리가 소유해야 할 것은 우리 자신의 소중한 삶이다.

03 낭비를 삼가하여 부를 기르자

 낭비란 말의 의미는 최소한도로 생존하는데 필요한 양을 넘어선 모든 생산과 소비이다.
—로빈슨 크루소

＊

고전경제학의 창시자인 아담 스미스가 등장하기 전까지 부富의 근원은 금이었다. 금을 많이 가진 사람이 부자였고, 금을 많이 보유한 나라가 부자 나라였다. 그러나 아담 스미스는 금이 아무리 많아도 당장 먹을 양식이 없거나 입을 옷이 없으면 아무 소용이 없다고 했다.

한 나라의 부는 얼마나 금을 많이 보유하고 있느냐에 따라 결정되는 것이 아니라 '국민들이 얼마나 많은 빵과 옷과 필요한 물건을 가지고 있느냐'에 달려 있다고 했다.

에르 엘은 "부는 간단한 것이 아니며, 단도직입적으로 말할 수 있는 것도 아니다. 부란 사람에겐 약이자 독이고, 조약돌이자 황금이며, 하늘과 땅이다. 그것은 본능을 넘어선 삶의 존재 이유이며, 인간이 쌓이지 않길 바라는 것은 빚과 나이뿐이다. 아니 부란 오직 부정적인 것, 많은 사람을 절망에 빠뜨린 것이다. 그와 더불어 많은 사람을 희망에 올린 것도 부이다. 부란 소유자에 따라 다르게 나타난다. …갈구하나 소유하지 마라. 부는 너를 거쳐 갈 뿐이다. 긴 여정 중에 너에게 잠시 휴식을 취하는 것이다. 부란 소유의 개념이 통하는 존재가 아니다. 언제나 너에게 존재하는 부의 양은 바뀐다"라고 했다.

또한 존 러벅은 『성찰』에서 "나는 돈을 갈망한다. 나는 그것을 사용할 줄 알기 때문이다. 당신이 부자가 될 운이 없더라도 우정과 애정만 있어도 소박한 장소와 오두막을 웃음으로 넘치게 하고, 이 세상 전부를 당신 것으로 만들 수 있다. 돈을 버는 것, 돈을 굴리는 것, 돈을 모으는 것에 대해서는 쉬지 않고 이야기하지만 돈을 즐기는 것에 대해서는 한마디도 하지 않는다. 돈을 머릿속에 두되 마음속에 담지 말라"면서 돈을 잘 쓰는 방법에 대해 말하고 있다.

그러나 오직 돈을 벌기 위해 자신의 삶을 소비하는 것은 불쌍한 인생이다. "개같이 벌어서 정승처럼 써라"는 말처럼 돈을 벌되 무엇을 위해 어디에 쓸 것인가가 더 중요하다. 부정한 방법이나 다른 사람의 삶을 황폐화시키는 것을 수단으로 하는 돈벌이는 그 목적이나 꿈이 아무리 크다 할지라도 결코 정당화 될 수는 없다.

**

우리 사회는 지금 배금주의 사상에 빠져 돈에 집착한다. 너무 풍요로운 생활에 젖어버렸다. 특히 부의 양극화 현상이 심화되면서 경제력이 최고라고 믿고 있다.

그렇다고 수단과 방법을 가리지 않고 돈만 벌면 된다는 생각은 위험하다. 재물이 우리 삶에 반드시 이익이 되는 것만은 아니다. 이익이 되느냐, 되지 않느냐는 그 부를 어떻게 사용하는가에 달려 있다. 우리에게 부족한 것은 돈이 아니라 그것을 즐길 수 있는 능력이다.

세계의 많은 부자들이 말하는 부자가 되는 방법 중 으뜸은 역시 절약이다. 버는 것보다 쓰는 것이 더 많으면 부자가 될 수 없다. 그래서 부자들은 절약을 인생의 중요한 목표로 삼았다. 작은 습관 하나, 평소 생활 자세 하나가 가난한 사람들과는 다르게 산 것이다.

부자들은 돈이 자신을 위해 일하도록 돈 관리를 하면서 내가 내 삶을 만든다고 노력한 반면, 가난한 사람은 돈을 위해 일하기 때문에 돈 관리를 못했을 뿐 아니라 삶이 나를 만든다고 믿고 살았기 때문이다.

또한 성공한 사람은 힘들어도 절제와 절약에 보람을 느끼면서 살아가지만, 실패한 사람은 강물도 퍼다 쓰면 줄어든다는 것을 모르고 사치와 낭비를 즐거움으로 착각해 자기중심적인 과소비 생활을 당연한 것으로 여긴다고 한다.

곤궁에서 오는 결핍과 품위 있는 검소한 생활은 다르다. 물질적 욕망을 억제하여 정신적 가치로 전환시킬 때 품격 있는 생활을 누릴 수 있다.

공수래공수거空手來空手去라 했다. 누구나 빈손으로 태어나서 빈손으로 돌아가는 것이 인생이다. 남보다 더 부유하게 살고, 남보다 더 높은 지위를 탐내어 갖은 권모술수로 남을 속이며, 내 것이 아닌 남의 재산을 넘보는 것은 스스로 자기 인생을 품격이 저급한 인간으로 만드는 것이다.

큰 부자는 하늘이 내고 작은 부자는 부지런함으로 된다고 했다. 살아가는 데 불편함이 없고 삶을 즐길 정도의 재력이 있으면 나보다 못한 사람들을 돕고, 그래도 여유가 되면 자연과 벗하며 인생을 음미하며 사는 것이 바른 길이다.

부자가 되기 위해 발버둥치다 목숨마저 잃는 것은 참으로 어리석은 짓이다. 스탕달의 말처럼, "인간이 이 세상에 존재하는 것은 부자가 되기 위해서가 아니라 행복하게 살기 위해서"이기 때문이다.

***

"왜 돈을 버는가?"라는 질문에, 많은 사람들은 풍요로운 행복한 삶을 누리기 위해서라고 말한다. 그러나 저축을 많이 하고 소비를 줄인다고 해서 돈을 버는 것은 아니다.

돈은 행복의 필요충분조건이 아니며, 돈과 행복은 비례하지도 않는다. 적은 돈일지라도 이웃과 나누는 기쁨을 아는 것이 진정한 행복이다.

세계의 부호 철강왕 카네기는 "부자는 자신에게 신탁된 재산을 관리하라는 소명을 받은 자로 이웃의 가난한 사람들을 위한 대리자이다. 자신이 가진 최상의 것을 세상에 내놓고, 그 대가를 세상으로부터 받은 것을 다시 사람들과 함께 나누는 것"이 성공이라고 했다. 그러면서 "부자인 채로 죽는 것은 부끄러운 일"이라며, 부의 축적보다는 현명한 분배에 더 열정을 쏟았다.

돈을 버는 것도 중요하지만 지키는 것도 대단히 중요하

다. 부자로 살기 위해 끝없는 자기 계발과 학습을 통해 자기의 그릇 크기를 키워야 한다. 그러기 위해서는 자기를 바로 보고 현재 위치에서 성실한 자세를 가지고 하루하루를 살아가는 자세가 필요하다.

법정 스님은 "우리를 부자로 만드는 것은 돈이나 물건이나 집이 아니라 우리들 마음이다. 돈이나 재산을 얼마나 가졌는가가 아니라 어떤 마음을 지닌 사람인가에 따라 부자가 될 수 있다. 부자가 되고 싶지 않은 사람들은 가난하다고 할 수 없다. 그 마음이 곧 부자이기 때문이다. 부자가 되고 싶지 않은 사람들에게는 그 나름의 삶의 철학이 있다. 절제의 미덕을 알고, 부를 과시하기보다는 안으로 맑고 조촐하게 누려 마음의 평안을 원한다"고 했다.

헤시오도스는 "행복은 부를 소유함으로써 얻을 수 있는 것이 아니라 부를 사용함으로써 얻을 수 있다. 부당한 이득을 얻지 마라. 그것은 손해와 같은 것"이라고 했다.

또 처칠은 이렇게 말했다. "희망이 없으면 절약도 없다. 우리가 절약하고 아끼는 이유는 무엇인가. 미래를 위해서이다. 미래가 없다면 되는대로 살아갈 것이다. 미래의 건설을 위해서 한 푼이라도 절약하자. 절약하는 마음 밭에 희망이 찾아온다. 절약과 희망은 연인 사이니까."

카알 힐티는 "큰일이든 작은 일이든 간에 절약해야 한다. 낭비는 필수품마저도 갖지 못한 많은 사람들에 대한 부당한 행위이며, 또 필요에 따라 남에게 충분히 베풀 수 있기 위해서이다. 그래도 당신이 낭비를 하고 싶다면 '능력 이상으로 베푸는 것'이 가장 숭고하고 해가 없는 낭비이다."

***

나는 낭비를 줄이는 마음가짐을 행동으로 실천하면서 아름다운 삶을 가꾼 아버지로부터 배웠다. 아버지는 생활에 여유가 있었지만 자식에게는 낭비를 허락하지 않았다.

돈이 있으면 사람이 나태해지고 노력하지 않는다면서 풍족한 생활을 절대 허락하지 않았다. 돈이 많으면 마음이 어지러워져서 공부에 영향을 주고, 무절제한 생활을 할 수 있다는 이유 때문이다. 그래서 우리 형제들에게 분수를 지키면서 소박하고 절약과 검소한 생활 습관을 길러주셨다.

양변기 물탱크에 벽돌을 넣어 물을 절약하는 법, 비누가 물에 녹는 것을 방지하기 위해 한쪽 면에 은박지를 붙여 사용하는 법, 치약도 절반만 짜서 사용하는 방법 등등 우리 생활에서 절약할 수 있는 여러 가지 방법을 행동으로 실천하면서 가르쳐주었다. 또한 남긴 음식을 함부로 버리거나 쓸 수 있는 물건을 버리는 행위를 자제하는 검소한 생활을 몸소 보여주었다.

이제는 그 옛날의 아버지처럼 나도 자식들에게 허영심을 버리고 분수를 지키며 살라고 말한다. 분수에 맞지 않는 허영심은 욕심으로 이어질 뿐 아니라 일상생활에서 절약 생활이 몸에 배게 하기 위함이다. 이처럼 검소하게 사는 건전한 소비 생활은 오히려 세상살이의 불편함을 줄여준다.

프랭클린은 "가지고 싶은 것은 사지 마라. 꼭 필요한 것만 사라. 작은 지출을 삼가라. 작은 구멍이 거대한 배를 침몰시킨다"고 했으며, 카토는 "원하는 것을 사지 말고, 필요한 것을 사라. 필요치 않는 것은 1원이라도 비싼 것이다"며 검소한 생활이 어떤 것인가를 말해주고 있다.

그러나 『채근담』에서는 "검약은 미덕이나 지나치게 인색하면 정도를 손상시킨다"고 했으며, 『회남자』에서는 "소를 삶아도 소금 살 돈을 아끼느라 간을 맞추지 못하면 국이 될 수가 없다"고 했다. 샹보르는 "사람들 중에서 가장 돈이 많은 자는 검약가이며, 가장 가난한 자는 수전노"라고 했다.

부를 축적하는 방법은 곧 낭비하지 않는 것이다. 꼭 써야할 곳에 필요한 만큼 사용하는 것은 낭비가 아니다. 욕망을 절제하고 분수를 지킨다면 부는 저절로 따라오며, 그 부와 함께 명예도 따라온다. 부를 축적하기 위해 지나치게 과욕을 부린다면 오히려 더 많은 것을 잃게 된다.

부자로 산다는 것은 돈이 많다는 것과는 다른 의미이다. 가난하더라도 마음이 부자면 풍요로운 삶을 살 수 있고, 돈 많은 부자일지라도 그 용도가 떳떳하지 못하면 가난하다. 부자로 산다는 것은 돈이 많고 적음의 문제가 아니라 그 돈을 어떻게 사용하느냐의 문제인 것이다.

가난하다고 해서 절망과 두려움에 주눅 들어 자신을 자학해서는 안 된다. 빈자는 가난하지만 부자의 넉넉함을 가지고 살고, 부자는 가난한 마음 곧 겸허한 마음으로 자신을 자제하며 살아가는 것이 현명한 삶이다.

생활에 부족함이 없다면 남에게 베풀며 사는 사람이 마음의 부자이고, 그것이 곧 현명한 삶이며 행복한 사람이다. 비록 내가 가진 것이 없다 할지라도 남에게 베풀 수 있는 일곱 가지 방법을 소개한다.

어떤 이가 부처님을 찾아가 호소하였다.

"저는 하는 일마다 제대로 되는 일이 없으니 이 무슨 까닭입니까?"

"그것은 그대가 남에게 베풀지 않았기 때문이니라."

"저는 아무것도 가진 게 없는 빈 털털이입니다. 남에게 줄 것이 있어야 주지 무얼 준다는 말씀입니까?"

"그렇지 않느니라. 아무 재산이 없더라도 줄 수 있는 일곱 가지는 있는 것이다."

"그 일곱 가지가 무엇입니까?"

"첫째는 화안열색시和顏悅色施이다. 얼굴에 화색을 띠고 부드럽고 정다운 얼굴로 남을 대하는 것이다. 둘째는 언사시 言辭施이다. 말로써 얼마든지 베풀 수 있으니 사랑의 말, 칭찬의 말, 위로의 말, 격려의 말, 양보의 말, 부드러운 말 등이다. 셋째는 심시心施이다. 착하고 어진 마음으로 자신의 마음의 문을 활짝 열고 따뜻한 마음을 주는 것이다. 넷째는 안시眼施이다. 호의를 담은 부드럽고 편안한 눈빛으로 사람을 보는 것처럼 눈으로 베푸는 것이다. 다섯째는 신시身施이다. 몸으로 때우는 것으로 남의 짐을 들어준다거나 예의 바른 공손한 태도로 남의 일을 돕는 것이다. 여섯째는 상좌시 床座施이다. 다른 사람에게 자리를 양보하는 것이다. 일곱째는 방사시房舍施이다. 사람을 방에 재워주는 보시로서 이유를 묻지 않고 상대의 속을 헤아려 도와주는 것이다."

그렇다. 세상의 부를 다 가졌다 해도 그 마음이 황무지이면 가난한 자요, 비록 가난해도 그 마음에 하늘을 품고 사는 사람은 부자이다.

[나의 인생 철학]

❖❖

인생, 어떻게 살아야 가치 있는 삶일까?
아름답고 가치 있는 인생의 길을 제시하라면
최선을 다해 사는 것이라고 말하고 싶다.
인생이란, 자신이 각본을 쓰고 연출하기에
얼마든지 자신이 주인이 되는 삶을 살 수 있다.
그렇기에 자신의 확고한 가치관과 인생 철학을
가진 사람만이 행복한 삶을 누릴 수 있다.
인생은 마지막 순간까지 의미 있기 때문이다.

❖❖

01 남의 탓 그만하고 자신의 삶에 주인이 되자

 홀로 서라. 누군가 그대의 삶을 더 풍부하게 만들어 주기를 바라는 것, 그것은 그대를 더욱 불안한 상태로 몰아넣을 뿐이다. —그라시안

*

현대인들은 치열한 경쟁사회에서 살아남기 위해 하루 24시간이 부족할 정도로 열심히 노력하고 있다. 앞만 보고 달려가기에도 시간이 모자라 뒤돌아볼 생각을 하지 않는다. 그러나 바쁠수록 돌아가라고 했다. 자신의 삶을 되돌아보며 '정말 내 자신을 위한 삶을 살고 있는가?'를 냉철하게 성찰해봐야 한다.

나는 "지금 나의 삶의 주인으로 살고 있는가?" "나의 삶의 주인이었는가?"라는 물음을 스스로에게 던지면서 성찰

하고 그 답을 찾아야 한다.

삶의 주인이 된다는 것은 자신의 삶을 스스로가 선택할 수 있는 자유를 갖고, 선택한 삶에 대한 책임을 스스로가 진다는 자기의식이다. 자신의 삶은 자신이 선택한 것이기에, 자신이 설계한대로 삶이 이루어진다는 믿음을 가지고 하루하루를 충실하게 살아가는 것이다.

일과 시간에 끌려가는 삶이 아니라 비전과 목표를 가지고 자기 삶의 소중한 것을 먼저 실행하는 것이며, 자기 삶의 진정한 주인임을 지속가능하기 위해서 정신적·감성적·신체적 쇄신을 끊임없이 추구해야 한다.

애플사의 스티브 잡스는 19세 이후 매일 아침 거울을 보면서 "만일 오늘이 내 인생의 마지막 날이라면, 지금 하고 있는 일을 계속해서 할 것인가?"라고 스스로에게 질문했다고 한다. 이처럼 우리는 하고 싶은 일을 하면서 살아야 한다. 아니 또 그렇게 할 권리가 인간에게는 있다.

미래를 미리 예견하고 단정해서는 안 된다. 하고 싶은 일은 하면서, 그것을 가능하게 만드는 삶을 살아야 한다. 그런데 우리는 자신의 삶을 주체적으로 이끌어가기보다는 현실에 순응한 채 안주하는 삶에 이끌려 사는 경우가 많다.

삶의 노예가 아닌 삶의 주인으로 산다는 것은 나에 대한 믿음을 갖고, 그 믿음에 따라 목표를 향해 나아가고 욕망을 넘어설 때 진정한 삶의 주인이 될 수 있다.

그러기 위해서는 자신을 가치 있는 사람, 칭찬과 존경받는 사람이 될 수 있도록 노력해야 한다. 자신감이 넘치고, 결단력이 있고, 냉정하고 침착한 사람이 되도록 두려움의 장벽을 뛰어넘어야 한다.

S. 길릴런은 "한 발자국 물러서서 너 자신이 지나가는 것을 바라 보라. 그리고 너 자신을 '나'라고 하는 대신에 '그 사람'으로 생각해 보라"고 했으며, 네루는 "한 사람이 천 명을 이길 수도 있다. 그러나 자기를 이기는 자가 가장 위대한 승리자"라고 했다.

자각한다는 것은 현실을 판단하여 자기 입장이나 능력 따위를 스스로 깨닫고, 자기 자신을 의식하는 것이다. 자신이 타인으로부터 구별하고, 자기의 인격·행동·사상·감정·의욕 등에 대하여 의식적으로 열중하는 것이다.

루이즈 벨논은 "자각하는 순간부터 당신은 실패자가 아니라 성공하는 사람이다"라고 했다.

∗∗

최근 우리 사회의 키워드처럼 사용되는 용어들이 '자기

혁명'이나 '혁신·자기관리·변화·개발·창조'라는 말 등이다. 바로 자기 변화에 핵심을 두고 있는 단어들이다.

『주역』「계사전」에 "궁즉변窮則變, 변즉통變則通, 통즉구 通則久"란 말이 있다. "궁하면 변하고, 변하면 통하게 되며, 통하면 지속된다"는 말이다.

또한 "달도 차면 이지러지고 해가 중천에 뜨면 기울게 되는데 사물의 이치야 말해 무엇하겠는가. 그것이 다함에도 변하지 않으면 소멸할 것이요, 막혔다고 여겨지는 것이 통하여 서로 통하게 되면 영원할 것"이라고 했다.

자기 혁명은 자기 내부로부터 시작된다. 먼 곳이나 먼 것에서부터 시작하는 것이 아니라 당장 할 수 있는 것부터 시작하는 것이며, 미처 깨닫지 못했던 자신 안의 커다란 능력을 만나는 것이다.

자기 혁명을 꾀하는 데 너무 늦다는 생각은 버려야 한다. 꾸준한 노력과 습관화를 통해서 스스로를 변화시켜야 한다. 자기 삶의 주인이 되기 위해서 사소한 습관을 고쳐나감은 물론 최고가 된다는 생각보다는 자기 혁명을 통해 인생의 주인공이 되는 삶을 살아야 한다.

그렇다면 진정한 삶의 주인은 누구인가?

나는 내 운명의 주인이요 내 영혼의 선장으로 믿고 사는 사람이다. 자신에게 전력을 다하고 충실하게 사는 사람이다. 자신의 길을 잃어버린 사람은 삶의 주인이 될 수 없다.

삶의 주인이란, 나 스스로가 삶에 대해 설계하고 능동적으로 이끌어나갈 수 있을 때 가능하다. 남과 비교해서도 안 되며, 자신감과 당당함으로 나는 귀하다고 생각해야 한다. 집착을 버리고 모든 것을 내려놓는 법을 배워야 한다.

자신의 틀을 깨야 한다. 고정관념에 사로잡혀 틀을 깨지 않으면 새 세상을 만날 수 없다. 새로운 나를 개척하기 위해 끊임없이 노력해야 하며, 새로운 도전에 겁내서도 안 된다. 자신을 사랑해주지 않는다면 누가 자신을 사랑해주고 아껴주겠는가. 자신을 사랑하게 될 때 자신감도 따라온다.

* * *

일과 직업, 꿈이 인생과 삶의 전부는 아니다. 생활에서 소소한 기쁨과 만족을 느낄 수 없다면 삶은 불행해질 수밖에 없다. 일은 삶을 지탱하는 힘이지만, 일의 노예가 된 사람은 결코 삶의 주인이 될 수 없다.

진정 자신의 삶의 주인이 되고자 한다면 바쁨과 시간 관리와 목표와 계획을 떠올리기 이전에 자신이 어떤 존재인지를 인식하고, 삶을 주체적으로 이끌어나갈 수 있는 마음을 훈련해야 한다.

오늘 얼마나 변했는지 끊임없이 스스로에게 질문을 던지고, 내가 누구에겐가 필요한 존재였으며, 가치 있는 일을 행동으로 옮기며 살았는지를 확인해야 한다. 이렇게 삶의 의미를 선택하고 실천하는 것이 삶의 주인이 되는 것이다.

암에 걸린 스티브 잡스는 스탠포드대 졸업식에서 "지금 자신이 진정 원하는 삶을 살고 있는지 자신의 내면의 목소리를 들어보자. 그리고 지금 원하는 것이 있다면 용기를 내어 그 길로 발걸음을 내딛어 보자. 생각보다 그 길은 두렵지 않으며, 생각보다 다른 사람은 나의 행동에 크게 관심을 두지 않는다는 것을 발견하고는 놀라게 될 것"이라고 했다. 이처럼 우리에게 가장 소중한 것은 진실하게 사는 자신의 삶이다.

누구에게나 인생은 한 번 밖에 주어지지 않는다. 이 삶의 주인이 되기 위해서는 자신을 알아야 한다. 스스로 주인임을 인식하면서 삶속에 용기 있게 뛰어들어야 한다. 용기를 갖고 주체적인 삶을 사는 사람만이 더 많은 행복과 감동을 얻는다. 더 나아가 삶의 이치를 깨달아 영혼이 성숙한 한 인간으로 살 수 있다.

내 삶의 주인이 되기 위해서는 도전해야 한다. "나는 내 삶의 주인이다" "나는 최고다" "나는 정말 멋지다" "세상을 바꿔 깜짝 놀라게 할 것"이라고 큰소리로 외치고 용기 있게 뛰어들어야 한다.

세계적인 팝 가수 마이클 잭슨은 "나의 삶에 대한 책임은 오로지 나에게 있다. 내가 믿고 옳다고 선택한 이상 나의 모든 열과 성을 다해 최선을 다하는 것밖에는 다른 방법이 없다"고 했다.

이처럼 내가 삶의 주인이라는 것을 알게 되면, 자신의 삶의 모두가 스스로 선택한 것임을 받아들이게 된다. 스스로 자유 의지에 의해 선택하고, 의사결정을 하고, 무언가를 이루기 위해 방법을 찾아내면서 그 일에 집중하게 된다.

삶의 주인으로 살고 있는 사람은 우월감도 갖지 않고 죄책감도 느끼지 않으며 강요와 간섭도 하지 않는다. 피할 수 없다면 받아들이고 즐겨야 한다. 바람 부는 날은 바람을 맞아야 하고, 비 오는 날은 비를 맞으며 걸어야 한다.

그러므로 자신에게 주어진 삶 그 자체를 축복으로 생각해 용기 있게 받아들여야 한다. 설사 죽음 앞에서도 당당한 죽음의 주인이 되어야 한다.

02 시간을 계획하고 생산적으로 활용하자

일하는 시간과 노는 시간을 구분하라.
시간의 중요성을 이해하고, 매순간 즐겁게 보내고
유용하게 활용하라.—루이사 메이올콧

*

세상에서 가장 길고도 짧은 것이 시간이다. 그 끝이 없고, 계획한 것들을 완성하기엔 늘 시간이 부족하기 때문이다. 또한 가장 빠르면서도 가장 느리다. 하루하루를 알차게 행복하게 즐기면서 사는 사람에게는 빠르게 지나가지만, 기다리는 사람에게는 시간만큼 느린 것도 없다.

그런가하면 시간은 가장 크지만 제일 작게 쪼개지기도 한다. 사용하는 사람에 따라 무한대로 늘릴 수도 있고 작게 나눌 수도 있다. 시간이 없을 경우 하고 싶은 일도 못하지만, 시간이 많을 때는 그 중요성을 알지 못하다가 다 허비하고 난 뒤 아쉬워한다. '일촌광음불가경一寸光陰不可輕'이란 말처럼, 짧은 시간이라도 가벼이 해서는 안 된다.

그래서 현대인들은 효과적인 시간 관리법 시테크를 통해 부족한 시간들을 활용하고 있다. 뿐만 아니라 서점가에서는 짜투리 시간을 활용하는 기술을 소개하는 시테크 관련 서적들이 우리 생활에 파고든 지 오래되었다.

미국의 미래학자 제임스 보트킨은 성공한 사람들의 시간 사용 패턴을 분석해 정립한 '15:4의 법칙'을 통해 "시작하기 전에 15분 동안 무엇을 할 것인지 생각하면 나중에 4시간을 절약할 수 있다"고 했다. 미리 하루의 일을 계획해서 우선순위를 정하고, 하루의 업무를 조직화한 사람은 계획 없이 하루를 보낸 사람들보다 성공할 가능성이 훨씬 높다는 말이다.

시간을 효과적으로 관리하지 않으면 우리는 원하는 것을 얻을 수 없다. 시간은 시시각각 우리를 상처내고, 마지막 시간에 최후의 일격을 가한다. 시위를 떠난 화살처럼 되돌릴 수 없기에 승자는 시간을 관리하며 살고, 패자는 시간에 이끌려 산다고 말한다.

시간은 모든 것들을 사라지게 하고 위대한 것들을 빛나

게도 한다. 무가치한 삶의 시간들은 쉽게 잊히지만, 의미 있는 삶과 위대한 일은 시간이 흐를수록 더 빛난다.

＊＊

많은 사람들이 똑같이 출발선에서 시작하였지만 세월이 지난 뒤에 보면 어떤 사람은 저만치 앞서가고, 또 어떤 사람은 낙오자가 되어 있는 것을 수없이 보아왔다.

시간은 인생을 구성하는 중요한 재료이다. 자신에게 주어진 하루하루의 시간을 효과적으로 잘 이용했느냐, 무의하게 흘려보냈느냐에 따라 인생이 달라진다.

지금 이 시간, 오늘이라는 날은 우리에게 두 번 다시 오지 않는다. 그렇기에 하루하루를 마지막인 날처럼 최선을 다해 살아야 한다. 시간과 노력과 정성을 들이지 않고는 원하는 결실을 얻을 수 있는 것은 아무것도 없다.

시간을 지배할 줄 아는 사람은 인생을 지배할 줄 아는 사람이다. 그 반대로 시간을 최악으로 사용하는 사람들은 시간이 부족하다고 늘 불평불만 한다. 자신에게 주어진 하루의 시간은 온전히 자신의 것이기에 시간의 참된 가치를 이해하고 즐겨야 한다.

사르트르는 "지나가는 시간이란 잃어버린 시간이며, 게으

름과 무기력한 시간이며, 몇 번이고 맹세해도 지키지 못하는 시간이며, 때때로 이사하고 끊임없이 돈을 구하는데 분주한 시간이"라고 했다. 또 에디슨은 "변명 중에서도 가장 어리석고 못난 변명은 '시간이 없다'라는 변명"이고 했다.

이처럼 사람들은 항상 시간이 모자란다고 불평하면서도 자신에게는 시간이 무한정 있는 사람처럼 행동한다. 일하는 시간과 쉬는 시간의 중요성을 이해하고 매순간 즐겁게 보내고 유용하게 활용해야 한다.

오늘 할 수 있는 일을 내일로 미루어서는 안 된다. 하루라는 짧은 시간이 세상의 모든 것을 멸망시킬 수도 소생시킬 수도 있다는 사실이다. 프랭클린의 말처럼, "그대는 인생을 사랑하는가? 그렇다면 시간을 낭비하지 말라."

* * *

시간의 본질을 이해해야 한다. 시간은 필요한 물건처럼 창고에 쌓아놓고 언제든지 사용할 수 있는 것이 아니다. 그렇기에 시간 관리는 중요하다.

효과적인 시간 관리를 위해서는 구체적이고 정확한 목표를 설정해야 한다. 자신이 어디에 있고, 어떤 일을 하느냐에 따라 목표를 세우는 시간 관리가 성공 여부를 결정짓는다.

이때 중요한 것을 자신이 세운 많은 목표 중 우선순위를 설정해 더 중요한 목표부터 하는 것이 순리이다.

효과적인 시간 관리를 위해서는 실천 가능한 하루 계획표를 만들어야 한다. 모든 계획과 마찬가지로 하루 계획도 구체적이고 현실적이어야 하며, 자신이 실천할 수 있는 것으로 세워야 한다. 실천할 수 없는 계획을 세우는 것은 자신의 시간과 노력, 돈을 낭비하는 것이다.

아무리 시간 관리를 잘하더라도 하루 24시간보다 더 많은 시간을 만들 수는 없다. 따라서 주어진 시간을 잘 관리하는 것과 마찬가지로 낭비되는 시간을 최소화해야 한다.

모든 일을 긍정적으로 생각하고 적극적으로 행동할 때 낭비되는 시간을 줄일 수 있다. 하기 싫은 일을 할 때는 업무의 효율이 떨어질 뿐만 아니라 시간 낭비도 많아진다. 어떤 일이든 시작할 때는 긍정적인 생각으로 임해야 하며, 피할 수 없는 상황이라면 그 일을 즐긴다는 생각으로 공격적이고도 적극적인 마음자세를 갖는 것이 중요하다.

시간은 언제 어디서나 똑같이 흐른다. 누구에게나 죽음의 시간은 찾아오고, 과거나 현재나 미래도 마찬가지다. 시간을 함부로 낭비해서는 안 된다. 시간 낭비는 자신의 인생을 무의미하게 흘려보내는 것이다.

시간은 자신만을 위해 기다려 주지도 않지만 그렇다고 빨리 도망가지도 않는다. 때문에 그 주어진 시간을 어떻게 활용하느냐에 따라 각자의 인생이 달라진다.

하루에 얼마의 시간만이라도 자신을 위해 투자해야 한다. 그 시간이 어렵고 힘든 고통의 시간일지라도 괴로워해서는 안 된다. 고통의 시간을 견뎌 낼 수 있을 때 큰 행복의 시간을 맛볼 수 있다.

쾌락만을 좇는다면 그 시간만큼 괴로움 속에서 고통 받을 것이다. 그러나 최선을 다해 노력하면 그 시간만큼 기쁨을 누리게 될 것이다. 지나간 시간을 원망하지 말고 다가올 시간을 어떻게 활용할 것인가를 생각해야 한다. 그 시간은 사용하는 사람에 따라 금이 될 수도 있지만, 한편으로는 쓰레기가 될 수도 있다.

＊＊＊＊

인생의 뜻을 세운다는 이립而立(30세)의 나이 때는 하루하루가 소중한 시간이란 사실을 알지 못했지만, 망구望九(81세)의 나이에 이른 지금 시간은 너무도 짧게 느껴진다.

내 수첩의 일정표에 약속 스케줄이 빡빡하게 잡힌 날은 하루가 너무나 빨리 지나간다. 하지만 하루의 계획이 없거나 무언가를 애타게 바라면서 어떤 결과를 기다리는 시간은 너무 지루하다. 마치 하루가 천 년을 사는 것처럼 길게 느껴진다.

시간은 인간이 소비하는 것 중 가장 가치 있는 것이다. 그러나 제대로 사용하지 않은 채 버려지는 시간이 너무나 많다. 그 시간들은 우리에게 꼭 필요한 소유물이자 가장 귀한 재산임에도 소중함을 모른 채 살고 있다.

볼테르는 "시간을 낭비하는 것은 돈을 낭비하는 것보다 더 나쁜 일이다. 돈은 잃어버리면 다시 벌면 되지만 시간은 한 번 가면 다시는 돌아오지 않는다. 헛되이 흘려보낸 오늘 하루는 영원히 되찾을 수 없다"고 했다.

그래서 현대인은 시간을 아껴 쓰기 위해 노력하지만, 한편으로는 시간을 사용하기 위해 고심한다. 새로운 날을 맞이하기 위해 노력하기보다는 실패나 굴욕을 당하지 않고 하루를 무사히 보냈다는데 더 기뻐한다.

피터 드러커는 『경영자의 조건』에서 "효율적인 경영자란 절대로 자기 업무의 계획 수립으로부터 일에 착수하지는 않는다. 먼저 자신의 시간이 어떻게 사용되었는가에 대해 분석한 뒤 그 시간 관리에 전념해 비생산적인 시간 소비를 줄인다. 그리고 마지막으로 '자기 뜻대로 사용할 수 있는' 시간을 계속적인 단위로 정리해서 매듭을 짓는다"고 했다.

시간은 쉬지 않고 흘러가는 물살이 센 강물과 같다. 그 어떤 것도 멈추게 할 수 없으며, 끊임없이 그 자리를 새로운 것이 차지한다. 인간의 삶이 얼마나 무상하며 하찮은 것인가를 똑바로 보아야 한다. 유년 시절이 엊그제인 것 같지만 내일이면 한 줌의 재가 될 수도 있다.

이처럼 우리 몫으로 할당된 시간은 너무 짧다. 그렇기에 살아가는 동안 세상 이치에 거스르지 않으면서 행복한 시간을 즐겨야 한다. 마치 열매가 자기를 낳은 계절과 자기를 키워준 나무로부터 행복하게 떨어지듯이 자신에게 주어진 시간의 중요성을 이해하고 매 순간을 즐겁게 보내고 유용하게 활용해야 한다.

03 미소로 상대방을 편안하게 하자

하루에 세 번 미소 짓는 사람에겐
약이 필요 없는 법이다.
―중국 격언

＊

한국인들은 감정 표현과 표정 관리가 잘 안 되는 민족이라고 한다. 예로부터 상대에 대한 즉각적인 감정 표현은 경망한 행동이라는 문화 관습인 유교적인 풍습 때문이다.

길거리에서나 엘리베이터 안에서 이웃이나 직장 동료들을 만나면 화가 난 사람이나 죄지은 사람처럼 눈도 안 마주치고 애써 외면한다. 이러한 모습은 외국인들의 눈에 화난 표정으로 비춰져 말을 붙이기가 무섭다고 말한다.

몸이 왜소했던 간디는 얼굴에 항상 미소가 띠었기 때문에 인도의 지도자로 존경받았다. 도산 안창호 선생도 화내지 않고 웃으면서 사는 민족이 강한 나라를 만든다며 우리 민족에게 미소를 강조했다.

이처럼 내가 남에게 보내는 환한 미소는 그 사람 마음을 훈훈하게 덥혀주어 마음의 문을 열게 만들어주는 대화의 시작이다. 비록 짧은 순간에 일어나는 일이지만 미소를 받는 사람의 마음은 풍족해지고, 미소를 보내는 사람의 마음은 언제나 행복하다.

미소는 자신이 가꾸는 마음의 꽃밭에서 피어난 꽃이기에 아름답게 피어날 때만 빛을 발한다. 받는 사람의 마음을 환하게 해주고, 주위 사람들은 물론 세상까지 밝아지게 해준다. 그래서 환한 미소를 짓는 이는 아름다운 사람이며, 아름다운 사람이 보내는 마음의 꽃이다.

＊＊

21세기는 나를 상품화하는 시대다. 옛날처럼 자신을 드러내지 않는 것이 미덕이 아니라 자신을 적극적으로 홍보해야만 살아남는 시대이다. 나를 홍보해 상품화하기 위한 그 첫 단계가 바로 사람과의 만남이며, 사람과의 만남에서 첫인상은 매우 중요하다.

우리는 사람을 대할 때 가장 먼저 상대의 얼굴 표정을 본다. 이때 항상 긍정적인 생각을 하고, 매사에 감사하는 마음을 가지며, 미소 띤 얼굴로 부드러운 말씨를 쓴다면 인간관계를 부드럽게 해 줄 뿐 아니라 신뢰감을 줄 수 있다.

미소는 동물 중에서 유일하게 인간만이 지을 수 있는 가장 아름다운 화장술이다. 내가 상대에게 보내는 평화의 메시지로 나를 명품으로 만들어준다.

우리 속담에 "웃는 얼굴에 침 못 뱉는다"고 했다. 매일 아침 거울을 보고 미소를 지으면 거울 속 사람도 나에게 미소를 보낼 것이다. 이처럼 모르는 사람에게도 미소를 보내면 마음이 열리고 기쁨이 넘치는 하루가 시작된다.

또한 출퇴근 시 만나는 사람마다 미소로 대하면 행복해진다. 집에 들어올 때도 가족을 위해 미소를 지으면 행복한 가정이 꽃핀다. 집안의 화초에게도 미소를 건네고, 그 꽃처럼 웃으며 감상하고, 사랑을 고백할 때도 미소 띤 얼굴로 하면 상대의 마음을 사로잡을 수 있다.

또한 오래 살기 위해서는 항상 웃어야 한다. 이제는 웃음으로 병도 치료하는 세상이다. 특히 혼자 웃는 것보다는 여럿이 웃으면 33배 효과가 있다고 한다. 웃을 때는 손뼉을 치며 발을 구르며, 양팔을 하늘 위로 벌려 큰소리로 웃을 때 효과가 있다고 한다.

＊＊＊

삶은 거울과 같다. 삶에 미소를 지으면, 삶이 우리에게 미소를 보낸다. 슬픔에 빠진 사람에게는 기쁨을 주고, 두려워하는 사람에게는 편안함을 준다. 그래서 나는 매일 아침 미소 띤 얼굴로 거울을 마주보면서 나에게 최면을 건다.

"어이, 최두형? 오늘 하루도 파이팅이다. 지금처럼 모든 사람에게 미소 띤 얼굴로 대하고, 짜증나는 일이 있거나 힘든 일이 있어도 이 미소를 잊지 않도록 도와주시게."

이처럼 스스로에게 최면을 걸면서 미소로 하루를 시작하는 아침은 기분도 좋아진다. 미소는 모든 사람에게 기쁨과 편안함을 주고, 미소 짓는 얼굴에는 사랑과 용서, 이해와 친절이 담겨 있기 때문이다. 미소 짓는 얼굴은 꽃보다 아름답고, 사람의 마음을 바꾸는 힘이 있다. 그래서 미소는 세상을 따뜻하게 한다.

"웃음은 마음의 치료제이다. 당신은 웃을 때 가장 아름답다"고 했으며, "웃는 사람은 실제적으로 웃지 않는 사람보다 더 오래 산다. 건강은 실제로 웃음의 양에 달려 있다는 것을 아는 사람은 거의 없다"고 했다.

사람의 웃는 모양을 보면 그 사람의 본성을 알 수 있다. 그래서 웃음은 전염되고 감염되는 것이다. 기분 나쁜 일이 있더라도 웃음으로 넘기면 금방 기분이 좋아지고, 찡그린 얼굴을 펴기만 해도 마음은 한결 편해진다. 웃음은 피의 순환을 좋게 하는 효과가 있어 건강에도 좋은 약이다.

윌콕스는 "웃어라! 그러면 세상도 그대와 함께 웃는다"고 했다. 그래서 "웃음은 어떤 핵무기보다도 강하다"고 했다. 겨울 햇볕이 누구에게나 따뜻함을 주는 것처럼 사람의 웃는 얼굴도 햇볕과 같은 따뜻함을 전해준다.

인생을 즐겁게 지내려면 찡그린 얼굴을 하지 말고 웃어야 한다. 웃음은 인간에게만 허용된 것이며 이성이 가지는 특권의 하나이기 때문이다.

04 삶의 발자취를 확실하게 남기자

 만일 당신이 남의 발자취만 쫓는다면
당신의 발자취는
뒤에 남기지 못할 것이다.

*

발자취는 실존의 생명체가 이 지구상을 통과해 간 기록이고 역사이자 생존의 증거이다. 그래서 사람들은 그 발자취에 각별한 관심과 애정과 존경의 마음을 갖는다.

인간 또한 이 지구상에 살아가기에 각자의 삶의 흔적인 발자취를 남긴다. 세상의 위대한 업적의 흔적일 수도 있고, 아름다운 사랑의 흔적일 수도 있으며, 소박한 삶의 행복한 흔적일 수도 있다.

이처럼 자신이 남긴 삶의 흔적이 모두 좋은 것만 있는 것은 아니다. 자신의 가슴에 칼을 꽂는 돌이킬 수 없는 상처의 흔적을 남길 수도 있고, 타인에게 독이 되는 인생의 흔적을 남기기도 한다.

그렇다면 우리 인간은 숨을 쉬는 동안 어떤 흔적을 남기고 싶은 걸까. 한때 중생대의 쥐라기부터 백악기 말까지 주름잡았던 공룡들은 멸종되었지만, 뼈의 화석과 발자국의 화석으로 존재해 그 삶의 흔적을 남겼다.

하지만 인류의 역사에는 무형의 형태로 위대한 발자취를 남긴 사람들도 많다. 인류를 위해 공헌한 발자취를 후세에 전수해줌으로써 우리는 그 기록을 통한 간접 체험을 통해 높은 정신세계를 체험하게 되고, 삶에 응용하고 활용함으로써 삶을 풍요롭고 윤택하게 만들어가고 있다.

그러나 모든 인간이 다 남들이 본받고 싶은 발자취를 남기는 것은 아니다. 인간의 삶은 유한한 것이기에 삶에서 죽음까지의 얼마 안 되는 시간의 발자취만 남길 뿐이다. 길어야 100년도 안 되는 삶이지만, 그 시간들의 자취를 얼마나 잘 남기고 사느냐가 중요하다. 비록 그 발자취가 만인들이 존경하고 우러러보는 것이 아닐지라도, 자신에게 부끄럽지 않고 열심히 살아온 발자취만 남기면 된다.

자신의 삶의 발자취를 보고 느낄 때 부끄럽지 않게 열심히 살았다고, 힘들지만 최선을 다해 한평생을 살기 위해 노력했다는 흔적을 남기는 것만도 훌륭한 발자취다.

* *

쇼펜하우어는 "위대한 사람들의 발자취를 보라. 그들은 모두 자기희생의 길을 걸었다. 희생할 줄 아는 사람만이 위대할 수 있다. 눈물을 모르는 눈으로는 진리를 보지 못한다. 아픔을 겪지 아니한 마음으로는 사랑을 알 수 없다"고 했다.

고사성어 '한단지보邯鄲之步'는 무턱대고 발자취를 남기기 위해 제 것을 잊고 남의 것을 흉내만 내다가는 모두를 다 잃게 된다는 교훈을 우리에게 주고 있다.

한단이란 청년이 새로운 걸음걸이를 배우고자 했으나 제대로 배우기도 전에 본래의 걸음걸이마저 잊어버린 뒤 결국은 엎드려 기어서 돌아갈 수밖에 없었다는 고사이다. 제 분수를 잊고 무턱대고 남의 흉내만 내다가 이것저것 다 잃음을 비유하여 이르는 말이다.

이처럼 인간의 발자취란 것은 자기 본분을 잊고 함부로 남의 흉내를 내면 두 가지를 다 잃는다. 더위와 가뭄과 같은 인생의 시련을 극복하고 계절마다 열매를 풍성히 맺는 사람, 그런 사람이 인생의 발자취와 빛을 아름답게 남기고 가는 사람이다.

"시간이라는 모래밭에 발자국을 남기는 것은 좋은 일이 지만, 기왕이면 훌륭한 방향의 향기 나는 발자취를 남기는 것"이 더 중요하다.

누군가의 훌륭한 발자취를 따라가는 것은 필요하다. 그들의 발자취는 우리가 가야 할 길과 가지 말아야 할 길을 알려주는 나침반과 지도이다. 배울 점을 가슴과 마음에 새기고, 그 반대의 것들은 자신의 본보기로 삼아야 한다.

옳고 그름에 대한 분별없이 남을 그냥 따라가는 식의 행동은 어리석은 짓이다. 무턱대고 남의 발자취만 좇는다면 자신의 발자취는 영원히 남기지 못한다.

개울물은 흐르는 강물의 슬픔을 알지 못하고, 거친 바위는 아름다운 조약돌의 아픔을 모른다고 했다. 개울물이 강물이 되고 바위가 조약돌이 되려면 수많은 세월동안 아픔과 시련을 이겨내야만 한다. 그 누구도 답을 주지 않기에 스스로 만들어가야 한다.

* * *

인간은 지난 시간 속에서 어떤 발자취와 어떤 기록들을

남기며 살아왔을까. 무엇이 그 발자취를 남기게 하고, 또 무엇이 삶의 기록을 지워가는 것일까.

거리에서 자신의 옆을 지나쳐가는 사람들의 얼굴을 바라본 적이 있는가. 그리고 수시로 변화하는 자연을 느껴본 적이 있는가. 다양한 사람들의 행동과 얼굴 표정들, 그 얼굴엔 그 사람의 다양한 인생 이야기가 묻어나 있고, 자연의 변화는 반드시 그 결과물을 남긴다. 이처럼 인간들은 자신들만의 혹은 그 주위 사람들의 기록을 남기며 살아간다.

그 발자취는 우리가 매일 마주치거나 혹은 가끔 마주치는 일상들 속의 일들로 남겨진다. 강한 인상으로 남겨지기도 하고, 때로는 아주 약하게 남겨지기도 한다. 그 길이 어떤 길이든 발자취를 남기며, 구불구불한 인생의 길을 걷는다는 것은 제 몸 속에 길을 내는 것과 같다.

이처럼 한 인간의 삶의 표시인 발자취를 남기는 것은 성공했기 때문에 멋진 것이 아니다. 그 뒤에 숨어 있는 자기 자신과의 싸움에서 이겨내고, 삶을 아름답게 만들어가는 꿈을 실현시켰기 때문이다.

자신이 가장 좋아하고 잘할 수 있는 일에 일생을 걸고, 그 여정에서 끊임없이 꿈을 꾸며 치열하게 살면서 꾸미거나 흉내 내지 않고 변명하지 않으면서 몸과 마음이 함께 만들어가는 진솔한 삶, 삶의 한복판에서 포기하고 싶을 때 용기 있는 행동으로 극복하면서 향기 나는 삶의 발자취를 남겼기 때문이다.

바닷가 백사장을 걸을 때 남긴 발자국, 그것이 아무리 깊게 새겨진 발자국일지라도 파도에 의해 금세 사라지고 만다. 우리 일상 속의 무의미한 삶의 발자취도 파도에 지워지는 발자국처럼 사라져버리고 만다.

내 삶의 모든 의미를 담고 싶은 기억, 그 발자취를 남기는 사람은 다른 사람이 아닌 나 자신이다. 삶의 전부를 걸어도 아깝지 않을 것들을 위해 자신이 사랑하는 삶의 한순간도 놓치지 않고 고스란히 담아내는 발자취를 남겨야 한다.

인생은 여행이며, 그 여행자는 바로 자신이다. 그리고 그 여행에는 반드시 목적지가 있다. 그런데 자기가 어디로 가고 있는지조차 모르는 사람들이 많다. 본래의 목적과는 다른 여행이었기 때문이다.

모든 사람들이 같은 환경 속에서 새로운 출발을 하지만 그 결과는 달라진다. 비록 올곧은 직선이거나 매끈한 곡선이 되지 못할지라도 군데군데 잡티까지 있는 그대로의 나를 인정하고 사랑해야 한다.

인간은 너무나 불완전한 존재이기에 자신의 변화를 받아

들여야 성장할 수 있다. 그리고 남을 배려하면서 살아갈 때 아름다운 인생의 발자취를 남길 수 있다.

* * * *

나는 가끔 내 인생을 뒤돌아보는 시간을 갖는다. 특히 창문으로 햇살이 찾아드는 날이면, 한참동안 그 햇살들을 바라보면서 자아 성찰하는 시간을 갖는다.

부끄러운 삶을 살지는 않았는가? 비굴한 행동으로 남을 힘들게 하지는 않았는가? 오늘도 세상 사람들에게, 직원들에게, 나와 가족들에게 떳떳한 하루였는가? 남에게 손가락받을 짓을 하지 않았는가 등을 돌아본다. 훌륭한 발자취를 남기기 위해서가 아니라 가능하면 부끄럽지 않는 발자취를 남기지 않기 위해서다.

지금까지 살아온 인생 발자취를 돌아보면서 많은 것을 깨닫게 된다. 그래서 내가 얼마만큼의 지혜로 창조적인 기회를 만들어왔는지, 얼마만큼 남을 배려하면서 살아왔는지를 성찰하면서 부족한 것들을 채우기 위해 노력한다.

이 광활한 인생의 무대에 떳떳하게 서기 위해서 끊임없이 지식을 습득하고, 열정과 자신감을 갖고 살아가려고 노력한다. 내 '플러스 인생을 경영'하기 위해서, 나에게 주어진 소중한 인생의 기회를 잃지 않기 위해 항상 준비한다. 노력하며 준비한 사람에게는 반드시 기회가 찾아온다.

꿈을 향한 굳은 집념과 마음속에 강렬한 소망이 있을 때, 자신이 기대한 것보다 훨씬 더 위대한 발자취를 남길 수 있다. 세상에 태어난 이상 남은 인생을 멈춤이 없이 폭 넓은 지식과 지혜를 쌓아 삶의 흔적을 아름답게 남기는 플러스 인생을 경영하기 위해 노력해야 한다.

플러스 인생의 주인공이 되고자 한다면 주도적인 자신의 삶을 살아야 한다. 주어진 환경에 무작정 만족하며 사는 삶이 아니라 더 나은 삶이 무엇인지 고민하고, 항상 현실을 변화시키고자 노력하는 사람이 되어야 한다.

한 자리에, 편안한 사람에 안주하는 사람에겐 늘 똑같은 삶이 계속된다. 하지만 주도적인 인생을 사는 사람은 그 속에서 새로운 희망과 계획을 가지고 살아간다. 자신 인생이 주인공인 삶을 살아가는 것이다.

젊은 날에 인생을 설계할 수 있다면 얼마나 행복한 일인가? 하루하루를 열심히 최선을 다한다는 것, 이 최선의 하루하루가 모여 나의 인생 발자취가 된다. 내 인생에 책임질 수 있도록 부끄러움 없이 살아야 한다.

05 항상 겸손하고 배려하는 습관을 갖자

 진정으로 용기 있는 사람만이 겸손할 수 있다. 겸손은 자기를 낮추는 게 아니라 도리어 자신을 돋보이게 한다.―브하그완

✻

"겸손은 모든 미덕의 근본"이라고 했다. 공자는 "항상 겸손하라. 겸양과 친절은 곧 예禮의 기본"이라고 했고, 실러는 "겸손할 줄 모르는 사람이 성공한 적이 있는가. 겸손은 인생에서 성공하기 위한 첫 번째 열쇠"라고 했다.

이처럼 겸손은 자신 있는 사람만이 갖출 수 있는 인격으로, 옛날이나 지금이나 삶을 살아가는데 가장 훌륭한 지혜이다. 그러나 영국 격언에는 "겸손이 너무 지나치면 교만이 된다"고 경고하기도 했다.

조지 스윈녹은 "교만은 영혼의 옷으로서 맨 처음에 입었다가 맨 나중에 벗는 옷"이라고 했고, 어거스틴은 "교만은 인간이 빠지기 쉬운 것이며, 인간이 극복하기 가장 어려운 것"이라고 했고, 비처는 "교만은 가진 사람을 제외한 주위 모든 이를 아프게 하는 특이한 병균이다. 교만은 감사를 살해하고 겸손은 고마움이 싹트는 토양"이라고 했다.

그런가 하면 만유인력을 발견한 뉴턴은 "교만을 그냥 삼켜버린다고 해서 소화불량이 되는 일은 없다. 교만을 일삼으면 고독이 뒤따른다. 교만의 시작은 하늘이요, 그 계속함은 이 땅이며, 그 마침은 지옥"이라고 했으며, 셰익스피어는 "교만은 교만이라는 거울 외에 자신을 비춰볼 수 있는 다른 거울을 지니고 있지 않다"고 했다.

겸손이란 나를 낮추는 마음이다. 나를 낮추는 마음은 남을 귀하게 여기는 마음이고, 남을 귀하게 여기는 마음은 그를 있는 그대로 받아들이는 마음이다. 그러나 아무런 조건 없이 남을 내 안에 받아들이는 일은 그리 간단하지 않다.

바로 자아 때문이다. 순간순간 나 자신을 들여다보면 내속에 있는 내가 얼마나 강한지, 남을 받아들이는 데 얼마나 인색한지, 얼마나 이기적인 행동을 하고 있는지를 깨닫고는 깜짝 놀라게 될 것이다.

오늘 하루, 아니 지금까지 살아오는 동안 다른 사람을 진심으로 이해하고, 얼마나 그들의 삶을 아끼며 받아들이려 했는지 생각해 보자. 자신을 내세우지 않고 남을 진심으로 존중할 때 마음 깊은 곳에 겸손이란 싹이 자라며, 이 겸손의 마음은 바로 남을 배려할 때 생겨난다.

* *

나는 배려라는 말을 제일 좋아한다. 배려라는 단어는 듣기만 해도 따뜻하다. 누군가가 내 마음을 살피면서 따뜻한 말을 건네고, 더불어 행동으로까지 이어진다면 내 마음이 상대에게 전달되어 감동으로 이어지기 때문이다.

그 사람의 처지에서 마음을 헤아리고 이해하는 것, 한 걸음 더 마음을 열고 다가갈 때 함께 따뜻해지기 시작한다. 그의 상처를 보듬고 아픔을 함께 하는 것이 나는 배려의 시작이라고 생각한다.

배려란 상대에게 뭔가 대단한 도움을 주는 것도 화려한 이벤트도 아니다. 좀 더 관심을 가지고 항상 변함없이 따뜻한 마음을 보여주는 것이다. 상대가 나와 다른 인간임을 인정하고 상처를 주지 않으려는 조심스런 마음이다. 내 생각대로 다른 사람을 잘 대해주는 것이 아니라 상대방의 필요와 요구에 따라 잘 보살펴주는 것이 진정한 배려이다.

다른 사람의 말과 행동을 잘 관찰하여 듣는 경청의 태도, 다른 사람의 기분을 이해하고 상냥하게 대해주는 긍정적인 태도, 어려움 속에서도 불평하지 않고 즐거운 마음을 유지하는 기쁨의 태도가 진정한 배려이다.

이 배려는 행동으로 옮길 때 더욱 아름답다. 아주 사소한 것일지라도 다른 이를 생각하고 배려하는 모습은 늘 아름답다. 이것저것 계산하지 않고 언제나 남을 먼저 생각하고 배려하는 사람들이 많을 때 세상은 행복해진다.

* * *

낙타는 하루를 시작하고 마칠 때마다 주인 앞에 무릎을 꿇는다. 이처럼 겸손은 자신을 낮추는 것이다. 그러나 자신을 낮추는 것이 곧 자신을 돋보이게 하는 것이라는 사실을 알아야 한다.

그래서 진정으로 용기 있는 사람만이 겸손할 수 있다. 겸손하게 행동하되 비굴해서는 안 된다. 가장 겸손한 사람은 개구리가 되어서도 올챙잇적 시절을 잊지 않는다. 항상 초심을 잃지 않고 자신의 현재를 바라보는 것, 어렵고 힘든 때의 첫 마음으로 자신을 돌아보면서 상대를 배려해야 한다. 성공했다는 거만함과 교만이라는 잡초가 자라지 않도록 자신을 경계하고 남에게 배려하는 마음이 겸손한 사람의 태도이다.

겸손한 성품과 배려하는 마음을 습관화해야 한다. 겸손을 배우려 하지 않는 사람은 아무것도 배울 수 없으며, 배려를 모르는 사람은 가족에게도 배려할 줄 모른다.

겸손은 상대를 먼저 배려하고 자신을 낮출 때 이루어진다. 인생 여정에서 삶을 윤택하게 하고 열매를 맺게 한다.

＊＊＊＊

겸손을 모르고 배려를 모르는 인간은 인생의 가장 기본적인 교훈을 배울 수 없다. 겸손하고 배려하는 마음은 인격을 완성하는데 꼭 필요한 양식이다. 인격 완성의 양식이 떨어지면 사람들은 교만하고 약해진다.

최근에는 많은 기업들이 겸손을 마케팅에 활용하고 있다. 그런데 그 겸손의 '힘'을 자신을 드러내는데 이용하는 사람이 있다. 자신은 겸손한 사람이라고 생각하고 그렇게 행동하지 못하는 사람들을 비웃는 행동을 하고 있는 것이다.

유비가 제갈공명을 얻기 위해 '삼고초려三顧草廬'한 마음은 부하에게도 겸손함을 잃지 않는 넓은 포용력에서 비롯

되었다. 서두르거나 옹졸함이 없는 자신의 마음에 여유가 있어야 비로소 남도 배려할 수 있다.

겸손과 배려는 생명 있는 모든 것 혹은 무생물의 모든 것까지 애련히 여기는 마음이며, 그들의 존재함에 대한 외경심에서 비롯된다. 자연의 모든 뜻, 옆에 있는 사람이나 사물을 스승으로 삼아 가르침을 얻고자 하는 겸허함이다.

나를 내세워 인간관계를 시작하면 실패한다. 그러나 겸손한 마음으로 상대를 배려하면 성공한다. 상대를 존경하고 세심한 마음까지 배려할 때 타인으로부터 존경받는다.

겸손한 사람만이 남을 다스릴 수 있고, 배려하는 사람만이 남에게 존경받을 수 있다. 자기를 높이려는 사람은 더 낮아지고, 자기를 낮추는 사람은 더욱 높아진다. 오만한 마음에는 더 채울 것이 없다. 그러나 배려하는 겸손의 그릇은 늘 비어 있어서 그 어떤 것도 채울 준비가 되어 있다. 그래서 겸손은 아주 피기 어려운 꽃이요, 배려는 아주 힘들게 맺는 열매와 같다.

06 성실하고 윤리적으로 행동하자

 백 권의 책에 쓰인 말보다 한 가지 성실한 마음이
더 크게 사람을 움직인다.
—벤자민 프랭클린

*

일찍이 현자들은 성실에 대해 정의한 바 있다.

존 러스킨은 "인생은 흘러가는 것이 아니고 성실로써 이루어져가는 것이다. 우리는 하루하루를 보내는 것이 아니고 내가 가진 것으로 채워가는 것"이라고 했고, 철학자 루소는 "성실히 일하는 사람에게는 언제나 희망이 있다. 게으름 속에는 영원한 절망이 있을 뿐이다. 많이 가진 자나 가난한 자, 힘센 자나 약한 자이건 놀고먹는 시민은 모두가 사기꾼"이라고 했다.

또 『중용中庸』에서는 "성실은 만물의 처음이요 끝이다. 성실은 만물의 근원이고, 성실이 없으면 만물은 존재하지 않는다"고 했으며, 맹자는 "성실로 살아가는 사람이 남에게 감동을 주지 못했다는 예나 성실과는 거리가 먼 사람이 남에게 감동을 주었다는 예는 이제까지 하나도 없다"고 했다. 그러나 성실한 행동만으로는 일을 올바로 처리할 수 없다. 성실과 지혜가 제대로 융합되어야 한다.

이 성실은 어느 시대나 상황에 구애받지 않는 절대가치다. 성실에는 다섯 가지 덕목이 필요한데 '널리 배우는 것(博學), 자세히 묻는 것(審問), 조심스럽게 생각하는 것(愼思), 분명하게 판별하는 것(明辯), 독실하게 행하는 것(篤行)'이라고 『중용』은 말하고 있다.

매사에 성실함이 없으면 재물도 명예도 아무것도 남는 게 없다. 성실만큼 세상을 보장받는 게 없다. 성실이란 거짓 없고 참되며 정성을 다함을 의미한다. 그래서 서양 격언에서는 "성실은 어디에서나 통용되는 유일한 화폐다. 성실은 곧 하늘에 이르는 길이다. 성실이 능력을 보충해주고 수단과 기회를 발견하게 된다"고 말하고 있다.

많은 사람들이 성실하라고 말한다. 그러나 아무리 탁월한 능력과 재능의 씨앗이 있더라도 성실이란 밭이 없으면 그 씨앗은 싹을 틔울 수 없다.

마찬가지로 우리가 소중히 여기는 수많은 가치가 있더라도 성실이란 가치가 우선하지 않는다면 다른 가치들은 빛을 발휘할 수 없다. 성실은 그 자체로 하나의 가치라기보다는 다른 모든 가치를 보장해주는 또 다른 가치다. 성실하지 못한 천재보다는 성실한 평범한 사람이 이길 수 있다는 사실을 가슴에 새겨야 한다.

재능이 모자라는 사람에겐 성실이란 무기가 있다. 처음엔 재능이 성실을 이길 수 있지만 시간이 지나면 성실이 재능을 이기는 것이다.

＊＊

윤리란 생활 속의 풍습과 습관을 말한다. 인간은 천지만물 가운데 가장 뛰어난 존재이다. 신체적으로 직립 보행하는 동물은 인류밖에 없고, 생리적으로 가장 발달된 정신세계를 지니고 있다. 따라서 인간만이 할 수 있는 문화가 있고, 의식이 있고, 행동이 있다.

사람이라면 마땅히 지켜야 할 도리가 윤리이다. 생활에 필요한 최소조건이며, 인간이 기본적인 욕구와 필요를 조화롭게 만족시키는 삶의 원리이다.

헤겔은 "윤리는 어떻게 하면 행복해지는가를 가르치는 학문이 아니라 어떻게 하면 행복에 합당한 사람이 되는가를 가르치는 것"이라고 했다.

그러나 인간 행위에 대한 도덕적인 가치 판단과 규범에는 옳고 그름을 판단할 수 있는 인간의 능력과 의식이 윤리적인 기준과 일치하는지의 여부가 포함된다.

서양 윤리는 인간 행위의 궁극 목적인 최고선最高善을 밝히지만, 동양 윤리는 선험적先驗的인 도덕률에 근거를 둔 가치의 다양성을 통일적으로 파악한다. 사물의 세계에 일정한 이치가 있듯이 인간의 세계에도 이법理法이 존재한다고 보고 그 기준인 윤리를 밝히고 있다.

따라서 유교에서는 인간관계의 기본을 아버지와 아들(父子), 임금과 신하(君臣), 부부(夫婦), 어른과 어린이(長幼), 벗(朋友) 등 다섯 가지 윤리(五倫)를 말한다. 그리고 이 오륜을 유지하고 실천해야 하는 덕목으로서 친함(親), 옳은 일(義), 다름(別), 차례(序), 믿음(信)의 다섯 가지 오상五常을 익혀야 한다고 했다.

그러나 동·서양 윤리에서 인간의 자유는 도덕성으로 제약되고, 개인의 의지는 적극적으로도 소극적으로도 자유롭지 않으면 안 된다는 점에서 공통의 가치를 지닌다.

때문에 우리 고유의 풍습인 도덕성을 기본으로 인간관계를 설정해야 한다. 이 사회나 가정에서 윤리가 파괴된다고 가정해 보라. 아마 상상도 못할 일들이 벌어질 것이다. 윤리, 즉 도덕성을 제어하는 것이 바로 자기 의지이며, 이 의지가 자유로울 때 밝은 사회가 되는 것이다.

*＊＊

인간은 자기가 원하든 원하지 않든 간에 사회의 일원으로 태어난다. 그리고 일정한 생활방식을 가지는 사회에서 생활하면서 완전한 인간으로 성장할 수 있는 사회적 존재가 된다. 윤리적으로 행위하면서 스스로 가치를 추구하고, 사회의 구성원으로서 그 사회가 갖는 생활방식에 따르면서 성실함을 바탕으로 행동할 수 있는 윤리적 존재이다.

윤리란 사람과 사람 사이의 관계, 즉 인간관계의 도리이다. 인간은 자기 행동의 옳고 그름을 반성하기도 하고, 때로는 심한 양심의 가책을 받기도 한다.

인간은 옳지 못한 행동을 분별할 수 있고, 의식적으로 자신의 행동을 자제할 수 있다. 이러한 행동의 자제는 성실이란 마음에서 우러나와 자발적으로 타인을 의식하지 않고 행동하는 것을 말한다.

그렇다면 인간다운 삶은 어떻게 살아야 하는 것이며, 내가 사람 노릇을 하기 위해서는 어떻게 행동을 해야 할 것이며, 남에게 사람 대접을 어떻게 해야 하는 것일까?

인간다운 삶을 살기 위해서는 제일 먼저 목표를 설정하고, 그 목표를 달성하겠다는 약속을 지키기 위해 자신이 맡은 일에 최선의 노력을 경주하는 것이다. 또한 진실한 마음으로 무엇을 계획하고, 그 일을 윤리적인 행동으로 실행에 옮길 때 즐거운 생활을 영위할 수 있다.

오늘의 계획을 또 내일의 설계를 생각해야 한다. 그리고 성실한 마음으로 그 계획을 실행에 옮겨야 한다. 성실과 윤리를 자신의 벗으로 만들어야 한다. 제 아무리 친한 친구라 할지라도 자신의 마음속에 살고 있는 성실과 윤리만큼 자신을 돕지 못한다.

07 꿈과 목표를 갖고 생활하자

 사람들이 꿈을 이루지 못하는 한 가지 이유는, 생각을 바꾸지 않고 결과를 바꾸고 싶어 하기 때문이다.─존 맥스웰

*

인생은 꿈이며 낙원이고, 미래를 위한 준비이며 모험이고, 자기가 인정한 것을 찾아 끊임없이 전진하는 것이다.

바론리튼은 "푸른 꿈을 잃지 마라. 푸른 꿈은 행운의 청사진이다. 생각하는 것이 인생의 소금이라면 희망과 꿈은 인생의 사탕이다. 꿈이 없다면 인생은 쓰다"고 했다.

아라비아 격언에는 "건강한 자는 모든 희망을 안고, 희망을 가진 자는 모든 꿈"을 이루고, "오랫동안 꿈을 그리는 사람은 마침내 그 꿈을 닮아 간다"고 앙드레 말로는 말했

다. 또 랭스턴 휴즈는 "꿈을 단단히 붙들어라. 꿈을 놓치면 인생은 날개가 부러져 날지 못하는 새가 된다"고 했다.

조나단 스위프트는 "당신의 꿈이 그냥 떠나가게 하지 마라. 꿈이 모두 떠나가면 당신의 목숨이 붙어 있을지 모르지만 살기는 이미 멈춘 것이다. 놓치지 마라. 이미 떠나가 버렸다고 느낀다면 꿈을 좇아가서 당신의 꿈에게 미안하다고 말해라. 그날 당신은 당신의 꿈을 가지게 될 것이고, 그 작은 일이 하루를 흥분시킬 것이고, 하루가 쌓여 인생이 될 것이다"라고 했다.

그런데 세상에는 자신의 꿈을 작은 상자 속에 넣어두고, "나는 꿈을 가졌어. 꿈이 있어"라고 말하면서 생각날 때마다 꺼내보면서 안도하는 사람이 있는가 하면 꿈조차 가지지 않는 사람들도 있다. 자신이 무엇을 원하고, 어떤 사람이 되고 싶고, 무엇을 하고 싶은지 모르는 사람들이 너무 많다. 애초부터 꿈이 존재하지 않았거나 잃어버렸거나 안개처럼 사라졌는지도 모른다.

인간에게 꿈은 무엇일까? 크면 클수록 또한 많으면 많을수록 삶에 힘을 불어넣는 것이다. 현재의 나보다 내 안의 꿈을 크게 키워야 한다. 자신이 원하는 것, 되고 싶어 하는 것을 확실하게 그려야 한다. 그리고 그것이 실현될 것이라는 확신을 가지고 희망이나 바람을 단순한 꿈으로 끝내지 않기 위해 실행에 옮길 수 있는 목표를 세워야 한다.

**

톰 홉킨스는 "목표는 성취라는 용광로 속의 연료"라고 했다. S. 레이드는 "꿈을 날짜와 함께 적어 놓으면 그것은 목표가 되고, 목표를 잘게 나누면 그것은 계획이 되며, 그 계획을 실행에 옮기면 꿈은 실현되는 것"이라고 했다.

이러한 목표를 실천하는 사람은 꿈꾸는 사람보다 더 큰 성공을 이룰 수 있다. 실천하는 사람은 스스로 자기 삶을 변화시킬 능력을 갖추고 있기에 자기 목표를 달성한다.

그런데 성공하기 위해 목표를 어떻게 세워야 하고, 목표 관리를 어떻게 해야 하며, 그 후속조치는 어떤 것인지에 대해 구체적인 계획을 세우는 일은 쉽지 않다.

다국적기업 IBM이나 포드, 제록스, HP 등의 경영컨설턴트로 활동하고 있는 브레이언 트레이시는 "목표는 막연한 꿈이 아닌 기술"이라고 했다. 기한을 정하지 않은 목표는 총알 없는 총이요, 독수리가 되고 싶다면 독수리 떼와 함께 드높은 창공을 날아야만 한다.

목표는 개인적이어야 하고, 간결해야 하며, 마무리 5%가 성공을 좌우한다고 했다. 많은 사람들이 95%까지는 열심히 일하다 막판에 목표 달성을 포기한다. 그래서 "케이크를 여러 조각으로 잘라서 먹을 때는 자기 접시에 있는 것만 생각하라. 케이크 전체를 생각하지 마라"고 했다.

매일 아침 잠자리에서 일어날 때 삶의 목표를 생각해보는 습관이 필요하다. 자기 목표를 남과 비교해서는 안 되며, 자기 삶의 표준이 되게 해야 한다. 목표는 이룰 수 있기에 존재한다. 그렇기에 구체적이고 분명한 목표들을 설정하고, 그 목표를 당장 실천해야 한다. 꿈만 꾸고 생각만 한다면 진정한 삶의 변화는 얻을 수 없다.

인생이란 성공을 향한 끊임없는 행진이다. "난 이것은 정말 할 수 없어"라고 미리 포기하기 전에, 그 일에 대하여 목표를 세우고 실행해 보았는지 돌아보면서 목표를 향해 당당하게 걸어가야 한다. 실천하는 사람을 성공으로 이끌고, 꿈꾸는 사람을 실패로 이끄는 힘은 바로 습관이다. 그러나 큰 꿈만 꾸고 현재에 안주하는 것은 교만이다.

＊＊＊

대한여행사(현 한국관광공사) 총지배인 재직 시 선진국 시찰을 위해 해외여행을 할 기회가 많았다. 나는 그때마다 많은 것을 보고 느꼈다. 공항이나 관공서를 비롯해 대기업들의 건물 관리는 물론 청소까지 용역회사에게 아웃소싱하고 있었다. 그 당시 우리나라에는 큰 건물도 많지 않았던 터라 용역회사가 있을 리 만무했으며, 대부분 자체 관리를 하고 있었다.

그런데 나는 그 사업에 관심이 많아 가는 곳마다 그들이 가진 노하우를 배우기 위해 직접 방문해 배우기를 게을리하지 않았다. 이때부터 나는 내 회사를 세울 꿈을 가지게된 것이다. 회사를 그만두면 이 사업을 한국에 도입하기로마음을 정한 것이다. 그리고 이 꿈을 실현시키는데 많은 세월이 흘렀다.

동부건설(주) 대표이사 사장직을 그만둔 해, 현대그룹 정 회장으로부터 함께 일하자는 제의가 서너 번 있었지만 그때마다 정중히 거절했다. 아내는 못 이긴 척 회사에 나가기를 권유했지만, 나에게는 확고한 꿈과 목표가 있었다.

다시 회사에 나가게 된다면 내 꿈을 실현시킬 수 없을 것같았다. 사업이란 시기가 있기에 호기라고 본 것이다. 한국에도 김포공항은 물론 관공서와 대형 빌딩들이 들어서기시작한 것이다. 그래서 한국 최초로 건물관리용역회사를설립해 오늘에 이른 것이다.

이처럼 꿈과 목표는 함께 동행한다. 꿈은 이루어지는 시간이 막연하기에 반드시 목표Goal가 있어야 하며, 그 목표를 이루기 위해서는 시간Time Line이 정해져 있어야 그 꿈을 실현시킬 수 있다.

목표가 없는 사람은 항상 바쁘고, 의욕도 별로 없을 뿐더러 실패를 두려워해 실행에 옮기지 못한다. 그러나 뚜렷한 목표가 있는 사람은 창조적인 삶을 살기에 실패를 두려워하지 않고 삶의 질을 높이기 위해 전진한다.

꿈과 비전과 목표가 없는 사람은 결코 성공할 수 없다. 꿈이란 막연하고 추상적인 것이다. 때문에 비전이라는 구체적이고 명확하며 상세하게 정의된 그림을 그려 꿈을 명확한 비전으로 바꾸어야 한다. 그런 뒤 비전과 일치되는 단기적인 목표를 세워야 한다.

비전은 성공적인 삶을 살기 위해 필수불가결한 요소다. 어떤 일을 성취하기 위해서는 단기적인 목표를 세우고, 작지만 한 걸음 한 걸음 나아가야 한다. 그리고 마지막으로 목표를 성취하기 위한 흐름을 만들어야 한다.

최초의 목표를 달성했다고 해서 마음을 놓아버리면 함정에 빠지게 된다. 끊임없이 목표를 세우고 달성하는 긍정적인 흐름을 만들어야 한다. 항상 명확하고 구체적이고 세부적으로 정의된 장기적인 비전을 세워야 한다.

그리고 이 비전을 이루기 위해 목표에 온 정신을 집중해야 한다. 그 어떤 유혹에도 흔들리지 않아야 하며, 장애와 방해를 두려워해서는 안 된다. 사람들이 꿈을 이루지 못하는 한 가지 이유는 그들이 생각을 바꾸지 않고 결과를 바꾸고 싶어 하기 때문이다.

꿈과 미래를 향한 열렬한 꿈을 가져야 한다. 그리고 그 꿈을 이루기 위해 목표를 세우고, 시간을 정해 앞만 보고 나아간다면 이루지 못할 것이 없다. 믿음과 자신감, 근면을 가지고 목표를 향해 달려간다면 가능하지 않는 일이 없다.

갈 길이 멀다고, 목표가 너무 높다고 포기해서는 안 된다. 노력과 근면으로 자신감을 가지고 한발 한발 다가가 조금씩 성취해 나가야 한다.

08 매일매일 배우며 라이벌 의식을 갖자

 글을 많이 아는 사람은 다투지 않고,
배움이 부족한 사람은 서로 다툰다.
―노자

＊

인류의 역사는 배움의 역사이다. 배움은 "진리로 통하는 길이며, 즐거움으로 통하는 길이자 승리로 통하는 길"이라고 했다.

『논어』에서는 학문의 즐거움에 대해 "학이시습지 불역열호學而時習之不亦說乎"라고 했다. 즉 "배우고 때때로 익히면 기쁘지 아니 한가"라고 했으며, 장자는 "배우지 않으면 위태롭다"고 했다. 또 노자는 "글을 많이 아는 자는 다투지 않고, 배움이 부족한 자는 서로 다툰다"고 했다.

이처럼 배움은 사람을 자유롭게 하고 아름다워지도록 하며 향기나는 사람으로 만든다.

그래서 인간은 끊임없이 배워야 한다. 그 배움은 요람에서부터 무덤에 이르렀을 때에야 비로소 끝난다. 동물은 배우지 않아도 타고 난 본능만으로 살아갈 수 있지만, 인간은 배우지 않으면 삶의 폭이 제한적이다. 그 배움을 통해 인간들은 사랑, 행복, 관계와 관련된 단순한 진리들을 배우며 성장한다.

마크 트웨인은 "교육이란 알지 못하는 바를 알도록 가르치는 것을 의미하는 것이 아니라, 교육은 사람들이 행동하지 않을 때 행동하도록 가르치는 것을 의미한다"고 했다.

배움에는 정도가 없다. 꼭 책을 통해서나 교육을 통해서만 배우는 것은 아니다. 평범한 일상의 삶 속에서나 단순한 놀이를 통해서 배울 수 있고, 스스로의 학습을 통해 배울 수 있다. 혹은 자연이나 타인의 삶의 흔적을 통해서도 많은 것을 배울 수도 있다.

또한 배움에는 장소나 도구가 필요 없다. 배운다는 마음만으로도 충분하다. 배움에는 학력을 높이는 것보다 삶의 교훈, 경험, 인내, 예절, 존경, 감사, 사랑, 나눔 등 헤아릴 수 없이 많다. 단순한 지식을 습득하는 것이 아니라 인간이 되는 것을 가르친다. 그래서 내 주변의 모든 것 하나하나가 다 나의 훌륭한 스승이 된다.

우리 선조들은 학문하는 이유에 대해 "내 안에 있는 밝은 덕(明德)을 밝히는데 있고, 그 밝은 빛으로 세상 사람들을 새롭게 하는(新民)데 있으며, 그 결과 지극히 완성된 경지(至善)에 이르는 데 있다"고 했다.

배운다는 것은 자신의 인생을 사는 것을 말한다. 더 행복해지거나 강해지는 것이 아니라 세상을 더 이해하고 자기 자신과 더 평화로워지는 것을 의미한다.

그 누구도 배워야 할 것이 무엇인지 알려줄 수 있는 사람은 없다. 그것을 발견하는 것은 오직 자신뿐이다. 배움을 두려워하지 말고, 그 배움과 경험을 나누고 세상에 돌려줄 때 진정 가치 있는 배움이 된다. 그러나 배움을 소홀히 하는 사람은 과거를 잃어버릴 뿐아니라 미래도 없다.

＊＊

현대는 성공과 보람된 삶을 살기 위하여 타인과의 경쟁이 치열하다. 때문에 같은 목적을 가졌거나 같은 분야에서 일하면서 이기거나 앞서려고 서로 겨루는 맞수, 긍정적 동기를 부여하는 친구와 자극을 많이 받을 수 있는 좋은 경쟁 상대를 만들어야 한다. 이러한 경쟁 상대가 있음으로써 더욱 분발하고, 정열을 불태우고, 끊임없는 자기 수련과 정진을 하게 된다.

'라이벌'이란 라틴어에서 온 말로, 원 뜻은 '같은 강 주변의 거주자'란 뜻이다. 이웃이라는 말로, 서로의 이권을 위해 이웃 간에 반목이 일어나는 데에서 비롯된 말이다.

그런데 이 말이 '경쟁자', '대항자'로 의미가 변한 것이다. 라이벌은 막상막하의 경쟁 상대로 그 무엇을 놓고 서로 겨루는 것이다. 라이벌은 서로 선의의 경쟁을 할 때 더욱더 성장할 수 있다. 상대가 이겼을 때 진정으로 인정하고, 내가 이겼을 때 진심으로 상대를 배려하는 것이다.

경쟁이 없는 곳에는 활력도 없다. 그래서 자기 향상을 위한 촉매작용 역할을 하는 라이벌은 없는 것보다 있는 게 낫다. 그러나 인간의 일은 생각하는 데로 진행되지는 않는다. 라이벌 의식이 과도하게 작용하여 하찮은 일로 서로 얼굴을 붉히거나 불미스러운 일로 진행되기도 한다.

『장자莊子』에 '와우각상쟁蝸牛角上爭'이란 말이 있다. 달팽이 왼쪽 뿔 위의 '촉'나라와 오른쪽 뿔 위의 '만'이라는 나라가 영토를 놓고 다투다가 한바탕 큰 전쟁을 벌인다는 우화이다. 서로 이웃한 라이벌이 참으로 하찮은 일로 다투다

보면 결국 자기만 손해본다는 것을 비유하고 있다.

진정한 라이벌이란 상대에 대한 배려이기도 하지만, 실력에서 서로가 서로에게 거울이 될 수 있어야 한다. 설사 그렇지 못할지라도 그렇게 되기 위해 노력하는 행동이 있어야 진정한 라이벌이라고 할 수 있다.

건전한 라이벌은 상호간의 시너지 효과를 발휘하여 상승작용을 일으킨다. 라이벌은 무너트려야 할 적이 아니라 함께 길을 가야 할 동반자다. 같은 길을 걷고 같은 길을 가는 라이벌은 나를 한 단계 성숙시키는 큰 힘이 된다.

※※※

배움과 라이벌을 통하여 마음을 넓히게 되고, 자기 삶의 깊이를 더해가며, 자기 현실 세계를 더욱 확장해간다.

공자는 "두 사람이 나와 함께 길을 가는 데 두 사람 다 나의 스승이니라. 착한 사람에게는 착함을 배우고, 악한 사람에게서는 그 악함을 보고 자기의 잘못된 성품을 찾아 뉘우칠 기회를 삼으니, 착하고 악한 사람이 모두 내 스승"이라고 했다. 배움과 선의의 경쟁 상대도 이와 다르지 않다.

사람은 다양한 방식으로 배운다. 보고 배우고, 듣고 배운다. 그래서 자신이 원치 않는 것, 쓸 데 없는 것, 올바르지 않은 것 등을 배울 수도 있다. 이런 까닭에 사람이 좋은 것을 잘 배우기 위해서는 반드시 가려서 배우는 일이 필요하다.

사람은 살아가는데 필요한 대부분의 능력을 배움이나 경쟁 상대를 통해서 얻는다고 해도 과언이 아니다. 감각·지각·생각 능력을 바탕으로 갖가지 것들을 스스로 배우는 삶을 살면서, 많은 것을 넓고 깊게 그리고 효과적으로 배우기 위해 가르침을 받는다.

이처럼 우리가 경험하지 못한 것들을 배우기에 가장 좋은 교과서는 책이다. 데카르트는 "좋은 책을 읽는 것은 과거의 가장 뛰어난 사람들과 대화를 나누는 것과 같다"고 했으며, 카알라일은 "책 속에는 모든 과거의 영혼이 가로 누워 있다"고 했다. 책은 인간의 영혼을 살찌우는 가장 훌륭한 반려자이며, 중국 송나라의 정치가이자 문학가인 왕안석王安石도 책에 대한 시를 남겼다.

가난한 자, 책으로 인하여 부유해지고
부유한 자, 책으로 인하여 귀해지며
어리석은 자, 책을 얻어 현명해지고
현명한 자, 책으로 인하여 이로워지니
책 읽어 영화를 누리는 것 보았지

책 읽어 실패하는 건 보지 못했네

(貧者因書富빈자인서부) (富者因書貴빈자인서귀)

(愚者得書賢우자득서현) (賢者因書利현자인서리)

(只見讀書榮지현독서영) (不見讀書墜부현독서추)

이 시처럼 "부유해지고 귀해지며 현명해지고 이로워지는"
책을 항상 가까이해 배워야 한다.

무에서 유에 이르는 것을 배움이라 하고, 또한 알지 못함
에서 앎에 이르는 것도 배움이라고 한다. 그러나 무에서 유
에 이르는 과정은 혼자서는 불가능하다. 반드시 누군가의
가르침을 받아 배운 후에야 유에 이를 수 있으며 모름에서
앎에 이를 수 있다. 때문에 배우지 못한, 즉 무와 무지의 상
태에서 늘 벗어나지 못하는 사람이야말로 가장 어리석은
사람이라고 했다.

09 가족을 최우선으로 생각하자

가족은 나의 대지이며,
나는 가족에서 정신적인 영양을 섭취한다.
―펄 벅

*

가족은 인간사회를 지탱하는 가장 견고하고도 핵심적인 구성체이다. 아버지와 어머니 그리고 자식으로 맺어진 오늘날의 가족 구도는 누구도 부정할 수 없는 모든 인간적인 가치의 출발점이자 귀속점이다.

가족이란 단어 안에는 사랑만이 아닌 모든 인간의 정을 표현하고 있다. 가족이란 따뜻한 방안에서 행복과 불행, 기쁨과 슬픔, 아픔까지도 서로 공유하면서 도란도란 이야기를 나누는 사람들이기 때문이다.

그래서 톨스토이는 "모든 행복한 가족들은 서로 서로 닮은 데가 많다. 그러나 모든 불행한 가족은 그 자신의 독특한 방법으로 불행하다"고 말했다.

가족하면 수많은 말들이 떠오른다. 마리 퀴리는 "가족이 된다는 것은 이 세상에 유일한 행복"이라고 했으며, 자동차왕 헨리 포드는 "가정을 정돈하지 못하면 천하를 다스릴 수 없"으며, "가족에 대한 사랑은 자기에 대한 사랑과 같다"고 했다.

「대지」의 작가 펄 벅은 "가족은 나의 대지이며, 나는 가족에서 정신적인 영양을 섭취"한다고 했으며, 무어는 "인간은 자신이 원하는 것을 찾아서 세상을 돌아다니고, 가정에 돌아왔을 때 비로소 그것을 찾는다"면서 가족의 소중함을 간파했다.

현대인은 자신의 행복과 보람된 삶을 위해 성공을 꿈꾼다. 그런데 사랑하는 가족이 없다면 성공과 부귀와 영화를 누린들 무슨 의미가 있으며 즐거움이 있을까?

인류가 만든 가장 위대한 걸작이라는 가족, 우리가 꿈꾸며 살아야 하는 그 가족이 지금 가족 해체 위기를 겪고 있다. 전통 도덕의 상실로 사랑의 결핍증을 앓고 있어 그 어느 때보다 가족 사랑이 메마른 삶을 살고 있다.

특히 현대는 남녀 평등사상, 개인주의의 팽배, 산업사회의 발달, 핵가족화 등으로 가족의 위치에 변화를 가져다주었다. 사회 전체가 핵가족화되어 가족 간의 만남이 점점 적어지고, 우리의 아름다운 전통인 효孝 사상과 가족애家族愛가 퇴색해가고 있다. 그로 인해 혼자 사는 부모들의 노후생활이 고독해지고 상처받고 있으며 방황하고 있다.

＊＊

우리에게 가족은 뭘까? '외면하고 싶어도 끝까지 따라다니는 꼬리표'이고, '특별하고 별스러운 맛은 없지만 안 먹으면 못 사는 흰 쌀밥'과도 같다.

아침에 눈을 뜨면 사랑스런 사람들이 내 곁에 잠들어 있고, 저녁에 돌아오면 그 사랑하는 사람들이 있는 곳이 바로 가족이다. 솜사탕 같은 달콤함과 목마름에 갈증을 씻어줄 한 잔의 물과 같은 것이다.

가족은 우리 모두를 감싸주고 안아주는 안식처이고, 관용과 용인을 베푸는 사랑의 요람이다. 안 좋은 일이 있을 때 함께 울어주고, 좋은 일이 있을 때 함께 웃어주는 기쁨과 슬픔의 소용돌이로 가슴에 따뜻한 온기를 더해주는 행복의 울타리이다.

가족을 외면한 사람은 세상 어느 곳에서도 환영받을 수 없다. 가족을 위해 희생할 줄 모르는 사람은 누구와도 바른 관계를 맺을 수 없으며, 가족보다 다른 것을 소중히 여기는 사람은 성공할 수 없기에 가족보다 소중한 것은 없다.

가족은 사랑을 낳고 키울 수 있는 환경이 좋은 온상이다. 비록 피를 나눈 가족이라 할지라도 자신의 의무와 도리를 지키면서 몸과 지성으로 가꾸어야 한다.

행복한 가정은 사랑이 충만한 곳이다. 비난보다는 용서, 주장보다는 이해와 관용이 우선되며, 따뜻한 마음과 행복이 울타리를 넘는 항상 웃음이 피어나는 장소이다. 그럼에도 우리들은 늘 가까이에서 마주 보며 함께 생활하는 가족인지라 소중함을 잊고 지낸다.

또한 가족은 세상을 만드는 기초이자 하나의 공동체이기도 하다. 작은 물방울처럼 연약해 서로가 돌보지 않으면 쉽게 깨어지고, 사랑과 인내, 용기라는 힘으로 뭉치면 튼튼한 성보다 더 강하다.

가족은 아주 하찮고 사소한 것이라 생각하는 작은 무관심과 거친 말에 쉽게 상처를 입기도 하지만, 아주 작은 배려와 칭찬을 해주면 큰 산과 같은 용기가 생기는 곳이기도 하다. 힘들고 지칠 때 내게 힘이 되는 이름은 가족뿐이다.

* * *

인류가 오랜 세월 진화 과정을 통해 가족을 형성하고 사회를 형성할 수 있었던 힘은 단순히 생물학적인 생존경쟁에서 살아남았기 때문이 아니라 정신적인 결속력을 가질 수 있었기 때문이다. 그러나 자본주의의 물결과 세계화의 거친 풍랑, 핵가족화는 이 소중한 정신적 안식처마저도 뿌리째 흔들리고 있다.

우리 모두가 꿈꾸며 살아야 하는 이유는 가족이 있기 때문이다. 그래서 가정은 희망의 발원지요 행복의 중심지이며, 그 안의 가족은 소중하다.

삶이 힘들고 괴로울 때 기쁨으로 맞이해 주고, 실수나 잘못했을 때 상처주거나 비난하기보다는 용서하고 격려하며 포용해주는 사람이 바로 가족이기에 그 어떤 것보다 최우선이 되어야 한다.

우리 가족은 매주 한 번씩 모인다. 다 성장해 저마다 가정을 꾸리고 있지만, 그 어떠한 일이 있더라도 일주일에 한 번은 모든 가족이 다 함께 모여 식사를 하면서 많은 이야기를 나눈다. 자식들은 내 건강을 살피기도 하고, 나 또한 자식들을 도울 일이 없는가를 살피기도 한다.

나는 이 자리에서 그 무엇보다도 가족 간의 화목, 형제들

간의 우애를 강조한다. 특히 손주들에게 세상 살아가는 법을 이야기해주고, 손주들의 애로사항이나 소소한 소식들을 얼굴을 보면서 듣고 대화한다. 이때 잘한 일은 칭찬하고, 잘못한 일을 꾸짖으며 격려하기도 한다.

나는 행복한 가정은 사랑이 충만한 곳이어야 한다고 믿고 있다. '가화만사성家和萬事成'이요, '수신제가修身齊家', 즉 가정이 화목하면 모든 일이 잘 이루어지고, 자기 몸을 닦고 집안을 잘 다스리면 행복이 넘치기 때문이다.

가족이라는 한 울타리를 만들었기에 따뜻한 사랑을 나누며 살아가야 한다. 그래서 나는 행복한 가정이 있음을 감사하고, 건강한 가족이 있음을 감사하면서 매사에 긍정적으로 살아가고 있다.

10 내 건강은
내 스스로 지키자

건강한 사람은 모든 희망을 가질 수 있으며,
희망을 가진 사람은 모든 꿈을 이룬다.
―아라비아 격언

✳

건강은 생명 유지를 위한 기본 요건인 동시에 행복한 삶을 위한 필수조건이다. "건강은 단지 질병이 없거나 허약하지 않다는 것만은 아니라 신체적·정신적·사회적으로 양호한 상태"라고 세계보건기구(WHO)는 정의하고 있다.

그리고 "정신 건강이란 다만 정신적 질병에 걸려 있지 않은 상태만이 아니고 만족스러운 인간관계와 그것을 유지해 나갈 수 있는 능력"을 의미한다고 했다. 이것은 '모든 종류의 개인적·사회적 적응을 포함하며, 어떠한 환경에도 대처해 나갈 수 있는 건전하고wholesome 균형 있고balanced 통일된integrated 성격의 발달'을 의미하기도 한다.

우리 인생에서 건강만큼 중요한 것은 없다. 건강은 인간 생활의 기초요 주춧돌이요 모든 것의 원천이며, 인간의 가장 기본적인 덕이요 제일 소중한 재산이기 때문이다.

건강이라는 기초 위에 성공도, 출세도, 명예도, 영광도 있을 수 있다. 건강은 인생의 행복한 근원의 뿌리로, 이 뿌리가 튼튼해야만 향기로운 꽃을 피우고 행복의 열매를 맺을 수 있다. 아무리 재능이 비상하고 인격과 덕이 훌륭해도 몸이 약하면 큰일을 할 수가 없다. 사람이 사람의 구실을 하려면 건강이라는 기본적인 자원을 가져야 한다.

**

현대인들의 제일 관심사는 바로 건강이다. 물론 현대의학의 발전으로 웬만한 병은 치료할 수 있지만, 아직도 현대의학으로도 치료할 수 없는 없는 병이 존재한다. 특히 많은 사람들이 걱정과 불안, 스트레스로 인해 병이 발생하고 있다. 그래서 사람들은 건강을 지키기 위해 열심히 운동하고, 몸에 좋은 음식이나 웰빙 음식을 찾아서 먹는다.

건강한 생활을 영위하기 위해서는 정도가 지나친 생활은

피해야 한다. 항상 중용을 지키고 무리해서는 안 된다. 과음·과식·과로·과욕 등이 지나치면 병의 원인이 된다. 과유불급이란 말처럼, 지나침은 모든 불행의 불씨가 되고 모든 병의 원인이 된다.

또한 건강을 유지하기 위해서는 신체의 기능이 균형과 조화를 이룰 때 일하고 잠을 자는 것이 기본이다. 그 위에 항상 즐거운 마음으로 살아야 한다.

인간의 병은 대부분 마음의 병으로부터 비롯된다. 마음속에 불안이나 초초, 질투, 분노, 열등감, 좌절감, 패배감, 피해망상이나 강박관념 등의 의식이 가득차면 건강해질 수 없다. 마음이 기뻐야만 몸이 건강해진다. 항상 감사하는 마음, 평화로운 마음, 즐거운 마음으로 인생을 살아야 한다.

건강에 대한 관심은 우리의 생활 습관과 패턴을 바꿀 수 있고, 작업 환경과 생활환경을 바꿔놓을 수 있으며, 인생을 바꿔놓을 수도 있다. 때문에 스트레스를 줄이고, 긍정적인 생각으로 생활하는 것이 건강의 비결이다.

식생활 또한 건강과 떼어놓을 수 없는 불가분의 관계이다. 사람이 식품을 섭취하는 것, 즉 균형 있는 영양소를 섭취하는 것은 궁극적인 삶의 목적이며, 식품을 어떠한 방법으로 어떻게 섭취하느냐에 따라 건강이 좌우된다.

＊＊＊

나는 내 건강을 위해 특별한 운동을 하지 않는다. 즐거운 마음으로 하는 산책이 전부이다. 그냥 걷는 것이 아니라 나무를 만나면 나무와 이야기 하고, 아름다운 들꽃을 보면 그 들꽃들과 대화를 나눈다.

그냥 마음 속으로 하는 대화가 아니라 사람들과 대화하는 것처럼 소리를 내며 대화를 한다. 내 고충을 털어놓기도 하고, 왜 아름다운 꽃으로 피어났는지 묻기도 한다. 비록 그 답을 들을 수는 없지만 항상 긍정적인 마음으로 그 자연의 소리를 받아들인다.

그리고 매일 즐거운 마음으로 살아가는 것이 내 건강을 유지하는 비결이다. 친구들과 점심을 하면서 담소하고, 사무실에 있을 때는 부하 직원들과 유머를 나누면서 활기차고 건강한 그들의 젊은 기를 받으려고 노력한다.

영혼이 건강하면 마음도 건강하고, 마음이 건강하면 몸도 건강하다는 것을 잘 알고 있기 때문이다. 그래서 마음속에 근심이나 걱정, 두려움, 욕심, 미움, 시기, 질투 등을 담지 않으려고 노력한다. 마음에 담고 있으면 상처가 되어 아프게 하기 때문이다.

잘못된 일이나 슬픈 일들을 마음에 두지 말고 사랑과 기뿜, 용서, 평안함, 친절, 배려, 관용으로 마음을 채울 때 더욱 건강한 삶을 살 수 있다.

성장기는 일생동안 계속될 식습관을 형성하는 중요한 시기이고, 청소년기인 10대는 평생 건강을 좌우하는 시기로 가장 급속한 성장과 발육이 이뤄지는 시기이며, 사회활동을 시작하는 20대는 스트레스나 운동 부족, 불규칙한 생활로 몸이 혹사당해서 몸에 이상이 생기기 쉬운 시기이다.

또한 30대는 금전적인 대비뿐 아니라 노후 건강에 대한 대비도 해야 하는 시기이고, 40대는 어느 정도 사회적 지위에 도달한 시점으로 심리적인 스트레스가 심하고 피곤함이나 무력감을 자주 느끼게 돼 건강을 돌아봐야 할 시기이며, 50대는 노화의 속도가 급격히 빨라지는 시기이다. 그리고 60대 이후에는 신체의 균형이 깨지기 쉽고 체력이 약해지며 면역력이 떨어지는 시기라고 한다.

하지만 우리나라 평균수명이 남자 75.1세, 여자 81.9세인 점을 감안한다면 요즘의 65세는 청춘이라고 말할 수 있다. 65세는 인생을 정리할 시점이 아니라 건강 100세를 위해 설계가 필요한 나이다. 하지만 병상에 누워 100세를 채우는 것은 괴로운 일이다. 건강하게 자립해 생활할 수 있는 '건강 100세, 포트폴리오'를 준비해야 한다.

건강수명이란 단순히 얼마나 오래 살았느냐가 아니라 실제로 활동하며 건강하게 산 기간을 말하며, 선진국에서는 평균수명보다 중요한 지표로 인용된다. 따라서 건강은 생명력 있는 움직임을 말한다. 건강하지 못하다는 것은 생명력이 약하다는 것이며, 온전한 태도를 갖추지 못한 상태로 균형 감각이 떨어지는 것을 의미한다. 특히 고대 희랍인들은 "건전한 신체에 건전한 정신이 깃든다"고 했지만, 건전한 정신의 소유자만이 건전한 신체를 가질 수 있다.

　건강은 제일의 재산이다. 돈이나 명예가 아니다. 프랭클린은 "건강을 유지하는 것은 자신에 대한 의무이자 사회에 대한 의무"라고 했다. 또한 쇼펜하우어는 "인간의 행복은 건강에 의하여 좌우되는 것이 보통이며, 건강하면 모든 일은 즐거움과 기쁨의 원천이 된다. 반대로 건강하지 못하면 이러한 외면적 행복도 즐거움이 되지 않을 뿐 아니라 뛰어난 지知, 정情, 의義조차도 현저하게 감소된다"고 했다.

　그런데도 우리 인간은 자신에 관해서는 잘 알지 못한다. 건강한 데도 죽어가는 듯이 생각하고, 죽어가고 있는 데도 건강하다고 생각한다. 건강한 사람은 자기의 건강을 모른다. 오직 병자만이 자신의 건강을 알고 있을 뿐이다.

11 아이디어와 기획은 단순하고 명쾌하게 하자

 하나의 아이디어는 티끌이 될 수도 있고 마법으로 변할 수도 있다. 거기에 적용하는 재능에 따라….
—윌리엄 번배크

*

창의력과 상상력의 시대, 정보시대인 21세기 무한경쟁시대에 살아남아 성공한 이들의 대부분은 아이디어나 하루의 일과를 잘 정리하는 기획된 메모 습관 때문에 가능했다. 즉 아이디어가 생명이자 관건이었던 것이다.

그런데 이 아이디어가 메모를 먹고산다는 사실이다. 성공을 꿈꾸는 사람이라면 펜과 수첩을 준비해 자신의 생각과 아이디어를 메모해야 그 꿈을 이룰 수 있다.

이처럼 아이디어 창출에 대한 열정이 성공의 문에 이르게 해주지만, 아이디어는 어느 날 갑자기 쏟아져 나오는 게 아니라 순식간에 떠오른다. 유효기간이 아주 짧기 때문에 필요할 때 활용할 수 있게끔 그때그때 기록해야 한다.

출퇴근 시 버스나 전철 안에서, 근무하면서, 텔레비전을 보거나 이야기하면서, 식사하면서, 잠자리에서 심지어 화장실에서 그리고 샤워를 하면서 아이디어가 떠오르면 언제 Anytime, 어디서든지Anywhere, 무엇이든지Anything 기록해야 한다. 아이디어는 환경과 밀접한 관계가 있는 경우가 많아 환경이 바뀌면 이내 사라지기 때문이다.

기획과 아이디어가 뛰어날수록 그 사람의 가치는 올라간다. 확고한 목표를 세워 달려가고 있는지, 경험 등을 통한 많은 지식을 쌓아 아이디어를 창출하여 자신과 조직에게 기여하고 있는지를 끝없이 반문해야 한다. 자금이 없다고 포기해서는 안 된다. 자금이 적어도 아이디어를 비즈니스로 바꾸는 일은 얼마든지 가능하다.

비즈니스에서 가장 중요한 것은 '아이디어'다. 더구나 정보 전쟁 사회에서 어떤 아이디어를, 어떻게 자신의 것으로 활용하느냐에 따라 성패가 좌우된다.

문헌에 나와 있는 대로 실험을 하거나 매뉴얼대로 기계를 조작해 물건을 만드는 것은 누구든지 할 수 있지만 타사와의 경쟁에서는 결코 이길 수 없다. 남을 모방하기만 해서는 온리 원 기업이 될 수 없다. 스스로 아이디어를 짜내고 남과 다른 지혜를 살릴 때 경쟁에서 이길 수 있다.

아이디어는 남의 방식을 따라가는 것이 아니다. 아이디어 발상이나 표현들에 있어서 가급적이면 남들이 하는 방식으로부터 도망치려는 의도적 몸부림이 있어야 한다.

기본적으로 현실성이 없는 아이디어는 없다. 시간과 비용만 있다면 언젠가는 실현 가능한 일이 된다. 다만, 현실적으로 시간과 비용을 아끼기 위해서 보다 현실적인 계획을 세우는 것뿐이다.

처음 접착제로 만들어진 'Post-it'도 한 직원의 아이디어와 집념으로 히트 상품이 됐으며, NASA의 한 엔지니어 아이디어인 에어 쿠션화도 나이키가 몇 년 동안의 실패 끝에 개발해냈다.

＊＊

계획과 기획은 어떤 차이가 있을까. 기획은 아직 없었던 일이나 안 하던 일을 처음 고안해 추진할 때 쓰이는 말인 반면, 계획은 기획된 일을 세부적으로 짜는 것을 뜻한다.

그래서 난 직원들에게 업무의 시작에 앞서 계획하지 말고 기획하라고 조언한다. 제 아무리 좋은 기획안이라도 다리가 두 개밖에 없다면 그 의자는 무용지물이다. 현실성을 반영하라고 하면 대부분의 직장인이 아이디어의 폭을 좁히는 경향으로 생각하는데 그것은 개념을 잘못 이해한 것이다.

이 세상에는 기획 하나도 제대로 세우지 못하기 때문에 실패조차 못하는 사람들이 너무나 많다. 성공적인 삶을 살고자 하는 사람에게 있어 기획은 길을 잃은 사람에게 이정표처럼 집중력과 일관성을 부여한다.

기획은 목표로 향해 달려가는 징검다리의 역할을 한다. 그 목적지에 빨리 닿을 수 있는 길을 찾아야 하고, 길을 걷는 도중에 점검 과정을 거쳐야 한다.

이처럼 이상을 현실로 만드는 것이 기획이다. 즉 성공을 비추는 밝은 불빛이 바로 기획이다. 그럼에도 불구하고 오직 거창한 기획을 세우는 것에만 집착해 구체적인 아이디어도 없이 실천에 옮겨 실패하는 경우를 난 너무도 많이 지켜봐왔다.

그렇다면 기획은 어떻게 세우고 실천해야 하는가. 일단 기획은 구체적이어야 한다. 기획을 좀 더 구체화하기 위해서는 항상 업무를 시각적으로 자극할 수 있는 시스템을 만들어야 한다. 항상 아이디어를 생각하고 자신을 자극할 수 있는 곳에 시각화하는 작업을 반복해야 한다. 특히 기획을 세울 때는 반드시 가치에 비례해서 시간을 배분하고 우선 순위에 따라 움직여야 한다.

그러나 기획만으로는 아무 것도 할 수 없다. 자칫 아이디어를 공허한 활동으로 여기게 하거나 일종의 요식 행위로 간주하게 만든다. 기획을 세우는 일은 그 한정된 자원에 주목하는 활동이다. 한정된 자원의 효율과 효과를 극대화하기 위한 방법이 기획이다.

기획은 현실로 바꾸었을 때보다 추진하는 과정이 더 행복하다. 그리고 남보다 먼저 앞을 내다보고 훌륭한 아이디어로 할 일을 기획하면, 회사에 위기가 닥쳤을 경우 빠르게 행동할 수 있다. 성공은 어느 한순간에 얻어지는 것이 아니다. 아이디어에 의해 기획된 계획에 의해 완성된다.

이 세상의 모든 위대한 사업의 시초는 사람의 머릿속에서 먼저 기획된 것이었다. 그렇기 때문에 각자 자신의 사상을 풍부하게 만드는 것이 필요하다. 훌륭한 건축물이나 뛰어난 아이디어도 먼저 사람의 머릿속에서 형태가 그려진 후에 세워지고 만들어졌다.

성공의 정점에 올랐다고 생각될 때 사업을 과감하게 재정비해야 한다. 사업이 최고조에 달했을 때 새로운 아이디어를 가질 수 있도록 직원들의 업무를 바꿔보는 것이 좋다. 너무 한 자리에 오래 앉아 있으면 나태해져 새로운 아이디어가 떠오르지 않는다. 물이 고이면 썩는 것처럼 새로운 업무를 부여해 새로운 아이디를 창출할 수 있도록 하는 것도 필요하다. 이처럼 사업 재정비는 한 발 더 미래를 도약하기 위한 새로운 혁신의 출발점이 된다.

＊＊＊

회사 직원들이 어떤 일에 대해 기획안을 결재 받기 위해 내 방에 들어오는 때가 많다. 그런데 그 기획안을 검토해보면 너무 복잡하고 장황하다. 그 기획안을 만들어내기 위해 많은 시간을 투자한 열의와 성의는 느껴지지만 단순하지가 않고 명쾌하지 않는 경우가 많다.

사람마다 차이는 있지만 실현하지 못할 거창한 기획을 세우거나, 남들에게 뒤쳐지기 싫어서 요란한 기획안을 자랑하듯 내세우기도 한다. 그러나 기획은 전시용이 아니다. 기획을 평가하고 구조조정해야 한다. 기획의 거품을 제거하고 현실화해 의지로 가득찼던 처음의 기획을 다이어트해야 한다. 그래서 실현 가능한 기획을 세워야 한다.

또한 기획은 유연성이 있어야 한다. 아무리 신중하고 철저

한 기획일지라도 현실성이 결여되면 아무런 쓸모가 없다. 따라서 기획은 재평가를 받고 수정될 수 있는 유연성을 가져야 한다. 우리가 가능성을 발견하게 되는 것은 이처럼 새로운 방향으로 접근할 때다.

그리고 기획을 충실히 세웠다면 속전속결로 실천해 행동으로 옮겨야 한다. 작은 실천 하나하나에 집중하다 보면 자신이 모르는 사이에 목표 지점에 다가와 있을 것이다.

경영학의 창시자 피터 드러커는 "사람은 모든 것을 잘할 수 없고 그럴 필요도 없으니, 자신의 강점을 극대화하는 것이 곧 성공"이라고 했다.

기획은 우리의 시간 에너지를 효율적이며 효과적으로 활용하게 만드는 성공의 기본 소양이다. 지금 자신을 한번 돌아보라. 일이 잘 안 풀리고 있는가? 그렇다면 아이디어를 재정비하고 기획을 다시 세워야 한다. 늦었다고 생각할 때가 바로 계획할 때이다.

12 사람의 장점을 찾아 칭찬하는 습관을 생활화하자

 사람은 남을 칭찬함으로써 자기가 낮아지는 것이 아니다. 오히려 자기를 상대방과 같은 위치에 놓는 것이다.―괴테

＊

정신과 육체가 병들고 가정이 무너지는 이 사회를 건강하게 회복시키는 방법은 상대방에 대한 관심과 사랑이다. 이런 관심과 사랑의 구체적 표현 중 하나가 바로 칭찬이다.

칭찬은 인간의 삶을 꽃피게 하는 힘을 가지고 있다. 어떤 일을 할 수 있는 힘을 주고, 동기 부여와 함께 용기를 준다. 상대방의 좋은 점과 부족한 점을 격려하고 칭찬해주는 것은 그 어떤 질책보다도 훨씬 더 강력한 효과가 있다. 그리고 상대에 대한 칭찬의 말 한마디는 자신의 기분까지도 좋아

지게 만든다.

칭찬은 활력 있는 분위기를 만들어내는 원동력으로 모든 결과는 아주 작은 시간과 관심에서 비롯된다. 그 칭찬의 말 한 마디는 매우 짧지만 파급 효과는 대단하다. 칭찬과 격려를 통해 신바람이 나면 에너지가 발생하고 생산성이 향상된다는 사실은 학계에서도 널리 인정되고 있다.

칭찬만큼 삶에서 에너지를 창출하는 원동력을 찾기란 쉽지 않다. 존 맥스웰은 "대부분의 사람들은 다른 사람들의 격려와 칭찬을 통하여 성장한다. 이것은 인재 개발에 있어서 꼭 필요하다"면서, 리더십 계발에 있어서 격려와 칭찬의 중요성을 강조했다. 부하 직원 등의 단순한 실수는 최대한 보듬어주고, 어떤 잘못을 지적하기 전에 먼저 칭찬거리를 찾아 격려할 줄 아는 리더십을 가져야 한다.

칭찬에는 사람을 변화시키는 능력이 있기에 인간의 생각으로는 불가능한 것을 가능하게 하고, 칭찬하는 사람이나 듣는 사람을 긍정적으로 변화시킨다. 거칠고 황폐해진 사회에서 서로에게 사랑을 줄 수 있는 매개체가 칭찬이다.

＊＊

칭찬은 상대를 인정하고 관심을 가져 그 사람의 마음과

생각과 행동에 변화를 일으켜 기쁘게 만든다. 성장의 원동력이 되고 행동 변화의 촉매제가 될 뿐 아니라 상처받은 마음을 치유해주고, 인간관계를 원만하게 하는 윤활유가 되어 좋은 사람을 만들거나 만나게 해준다. 이처럼 좋은 사람들이 많아질 때 우리 사회는 밝아진다.

스미스 홀란드는 "칭찬은 우리에게 가장 좋은 식사"라고 했으며, 괴테는 "남의 좋은 점을 발견해 칭찬할 줄 알아야 한다. 그것은 남을 자기와 동등한 인격으로 생각한다는 의미"라고 했다.

또 랜더는 "순수한 사람은 자신이 전혀 칭찬받을 만한 자격이 없는데도 칭찬을 듣게 되면 뼈저린 비난을 받는 것처럼 고통스러워한다"고 했고, 라로슈푸코는 "아름다운 일에 대해서 칭찬을 아끼지 않는다면 우리 자신은 그 아름다운 일에 참여하는 것이 된다. 그러나 아름다움에 일부러 눈을 가리고 구석의 조그만 흠만 보는 것은 우리의 마음을 어두운 곳으로 몰아넣는 것이 된다"고 했다.

카네기의 말처럼 "우리는 누구나 잘못을 저지르기 쉽다. 아홉 가지의 잘못을 찾아 꾸짖는 것보다는 단 한 가지의 잘한 일을 발견하여 칭찬해주는 것이 그 사람을 올바르게 인도하는데 큰 힘"이 되는 것이다.

하지만 칭찬은 동전의 양면과 같다. 어떠한 면을 보느냐에 따라 약이 되기도 하고 독이 되기도 한다.

탈무드에서는 "남에게 자기를 칭찬하게 해도 좋으나 자기 입으로 자기를 칭찬하지 말라"고 했다. 과장된 칭찬은 아부하거나 비꼬는 말처럼 들릴 수 있기 때문에 우리의 허영심을 향해 날아와 꽂히는 열추적미사일과 같다.

스미스는 "분수에 지나친 칭찬을 받고 기뻐 뛰는 사람은 가장 천박하고 평범한 인간"이라고 했고, 오웬 펠담은 "칭찬의 효과는 각양각색이어서 슬기로운 사람은 겸손하게 만드나 어리석은 사람은 그의 두뇌에 현기증을 일으켜 더욱 교만하게 만든다"고 했다. 또한 프랭클린은 "칭찬은 때로 삶의 활력소가 되기도 하지만 때로는 추진력을 잃게도 만든다"고 했다.

이처럼 무조건적인 칭찬은 효과를 떨어뜨릴 수 있기에 올바른 방법으로 칭찬해야 한다. 나는 내 주위 사람들이나 직원들을 칭찬할 때 다음의 열 가지 방법을 사용한다.

첫째, 팩트fact를 칭찬하고, 결과보다는 과정을 칭찬한다. 사실에 근거하지 않은 칭찬은 역효과가 날 뿐만 아니라 동료들의 마음까지 상하게 만들기 때문이다.

둘째, 당사자가 없는 곳에서 치켜세운다. 제삼자를 통해 자신을 칭찬하는 말을 들으면 기분이 좋아지기 때문이다.

셋째, 누구나 다 아는 사실에 대해서는 칭찬하지 않는다.

넷째, 칭찬할 때는 미흡한 부분도 함께 말해준다. 『잘되는 나』의 저자 조지 오스틴은 "단순한 실수는 최대한 보듬어주어야 한다. 잘못 하나를 지적하기 전에 먼저 칭찬거리 다섯 가지를 말"하라고 했다.

다섯째, 따뜻한 감정을 실어 영원히 기억될 칭찬을 해준다. 부드러운 감정을 칭찬의 한 부분으로 자연스럽게 스며들게 할 때 칭찬의 효과가 크기 때문이다.

여섯째, 일반적인 것 말고 특정한 상황을 칭찬한다. 일반적이고 일상적인 것보다는 그 사람의 특정하고 특별한 상황을 칭찬하는 것이 중요하기 때문이다.

일곱째, 상대에 따라 칭찬 내용이나 방법을 달리한다. 상대나 상황에 따라서 칭찬의 내용이나 표현 방식을 적절히 선택해 말할 때 동기 부여가 되기 때문이다.

여덟째, 우연 그리고 의외의 상황에서 사소한 것을 칭찬한다. 자신의 감정을 진솔하게 전할 수 있는 칭찬이 상대를 더 감동시키고, 남들이 보지 못하는 사소한 장점들을 찾아 칭찬을 해주었을 때 의외의 효과가 있기 때문이다.

아홉째, 아랫사람을 칭찬하는데 인색하지 않고, 칭찬을

할 때는 모든 사람 앞에서 공개적으로 한다.

열째, 사람들이 칭찬하는 즐거움을 갖도록 해준다. 칭찬에 대해 열린 마음으로 받아들일 때 다른 사람들도 칭찬에 대해 어색해하지 않기 때문이다.

＊＊＊

우리나라 사람들은 참으로 칭찬에 인색하다. 칭찬하는 사람이나 듣는 사람이나 서로 기분 좋게 해주는 것이지만, 유교적인 관습에 젖은 생활 습속 때문에 입에서 쉽게 나오지 않는다. 칭찬의 힘이 어떤 곳에서든지 시너지 효과를 창출하려면 적재적소에 맞는 동기 부여를 해주는 것이 가장 확실한 방법이다.

우리 사회에는 누군가 조금 잘 나간다 싶으면 시기와 질투를 하고, 수단과 방법을 가리지 않고 온갖 이유를 갖다 붙여 끌어내리려고 비판한다.

기업문화도 이와 크게 다르지 않다. 잘한 일에 대해 아낌없이 칭찬해주기보다는 사소한 잘못을 트집 잡아 흠집을 낸다. 잘하면 당연한 일이요, 작은 실수를 하면 절대로 용납할 수 없다는 분위기에 더 가깝다. 그러다보니 조직 전체의 분위기가 경직되고 서로 냉담해진다.

자기 스스로 칭찬에 인색한 사람이라고 생각한다면, 칭찬받기를 간절히 원하는 사람이라면, 누군가에게 칭찬의 말을 해주고 싶다면『칭찬은 고래도 춤추게 한다』의 저자 켄 블렌차드가 말하는 칭찬의 법칙을 마음에 새겨야 한다.

첫째, 칭찬할 일이 생겼을 때 즉시 칭찬하라.

둘째, 잘한 점을 구체적으로 칭찬하라.

셋째, 가능하면 공개적으로 칭찬하라.

넷째, 결과보다는 과정을 칭찬하라.

다섯째, 사랑하는 사람을 대하듯 칭찬하라.

여섯째, 거짓 없이 진실한 마음으로 칭찬하라.

일곱째, 긍정적으로 관점을 전환하여 칭찬할 일을 찾아서 칭찬하라.

여덟째, 일의 진척사항이 여의치 않을 때 더욱 격려하라.

아홉째, 잘못된 일에 시간을 허비하지 않도록 해줘라.

열째, 자기 자신을 스스로 칭찬하라. 자신을 칭찬할 줄 모르는 사람은 다른 사람도 칭찬할 줄 모른다.

이처럼 우리에게 필요한 일은 나쁜 점에 대해 비난하고 질책하기보다는 좋은 점을 먼저 발견하고 칭찬하고 격려해주는 일이다. 이러한 위로와 칭찬이 사람 사이의 관계를 더 가까이 만든다.

칭찬하는 습관과 문화를 만들어가면 우리 사회는 더 밝고 아름다워진다. 음악을 들려주면 콩나물도 더 건강하게 자라고, 화초도 음악을 들려주면 더 싱싱하게 자라고, 젖소도 음악을 들려주면 더 많은 우유를 생산한다. 지금 당장 하루 한 사람에게 한 가지라도 칭찬하는 삶을 습관화하고 실천해보자.

사람의 마음은 꽃나무보다 더 예민하게 반응한다. 꽃들이 좋은 환경에서 아름답고 향기로운 꽃을 피우고 비바람에는 쉽게 꺾이듯 사람들도 사소한 말에도 상처를 받고 작은 칭찬에도 춤을 춘다.

누구나 한 번 쯤은 실수를 하고, 또 한 번쯤은 칭찬받을 일을 한다. 자신이 힘들고 어려웠을 때 누군가의 작은 격려가 자신에게 얼마나 큰 힘이 됐는지를 생각하면 절대로 칭찬에 인색해질 수 없다.

실수는 티 안 나게 다독여주고, 칭찬은 마음껏 표현하는 자신을 만들어나갈 때 자신도 기쁘고 행복하다. 하면 할수록 느는 것이 바로 칭찬이다.

13 메모는 효율적인 일처리와 기억을 되살린다

메모에 대한 열정이 당신에게 성공의 씨앗을
줄 것이다. 메모를 사랑하라.
―김용한

*

   정보전쟁 사회에서는 어떤 아이디어를, 어떻게 자신의 것
으로 활용하느냐에 따라 실패와 성공이 좌우된다. 그만큼
참신한 아이디어는 중요하며, 그 아이디어를 자신의 것으로
만들어 활용하는 과정에서 가장 중요한 것이 메모다.

   기발한 아이디어나 중요한 업무 사항을 기록해두지 않는
다면 기억력이 좋은 사람이라 할지라도 언젠가는 그 많은
일들 중 일부는 잊어먹을 것이고, 또 언젠가는 그런 일이 있
었다는 것조차도 기억하지 못할 것이다. 이것이 메모를 해

야만 하는 중요한 이유 중 하나이다.

당신은 메모를 어떻게 활용하고 있는가? 혹시 다른 사람에게 말을 전하거나, 자신의 기억을 돕기 위해 짤막한 글을 남기는 것이라고만 생각하고 있는가?

우리가 기억하는 천재들 역시 모두 메모를 잘하는 사람들이었고, 역사상 위대한 아이디어맨들도 메모하는 습관이 몸에 배어 있었으며, 시대를 선도하며 성공한 사람들 역시 마찬가지였다. 그들은 머릿속에 떠오르는 생각은 무엇이든지 기록했다.

레오나르도 다빈치는 다른 사람들이 자신의 아이디어를 도용하지 못하도록 자신만이 알아볼 수 있도록 거꾸로 메모했으며, 리 아이어코카 또한 메모를 잘하기로 유명하다.

베토벤도 열심히 메모를 한 사람으로, 그는 악상이 떠오르면 어디에나 메모를 했다. 하지만 그는 메모를 다시는 보지 않았다고 한다. 메모하다 보면 외워지기 때문에 다시 꺼내볼 필요성을 느끼지 못했기 때문이다.

이처럼 어느 분야에서든 성공한 사람들을 보면 머릿속에 떠오르는 아이디어를 그때그때 기록하는 습관이 몸에 배어 있으며, 메모는 그 자체가 중요한 기억 프로세스이기에 베토벤은 메모한 악보를 다시 보지 않았던 것이다.

메모는 좋은 학습 수단이다. 메모는 기억의 수단인 동시에 생각을 구체화해준다. 극도로 짧은 행위지만, 그 짧은 순간 우리의 두뇌는 대화의 기능을 수행한다.

＊＊

『메모의 기술』의 저자 사카토 켄지가 말하는 '메모의 기술 7가지 방법'은 "언제 어디서든 메모하라. 주위 사람들을 관찰하라. 기호와 암호를 활용하라. 중요한 사항은 한눈에 볼 수 있게 정리하라. 메모하는 시간을 따로 마련하라. 메모를 데이터베이스로 구축하라. 메모를 재활용하라"는 것이다.

아무리 뛰어난 기억력을 가진 사람이라도 메모하는 사람에게는 못 당한다. 머릿속에 떠오른 생각을 즉시 기록하는 습관을 생활화해야 하고, 일 잘하는 사람의 방법을 보고 메모 방법을 배우는 것이다.

메모는 시간이 생명력이기 때문에 자신만이 알아볼 수 있는 암호와 기호를 사용해 자신만의 메모 흐름을 만들어야 한다. 그러나 메모하는 방법에는 정답이 없다. 자신이 가장 잘 할 수 있는 방법으로 하면 된다.

나는 중요한 부분이 한눈에 들어오도록 정리하는 것이

잘된 메모 방법이라고 생각한다. 중요한 사항에는 밑줄을 긋거나 색상을 사용해 내용과 중요도를 구분한다.

이렇게 정리한 메모는 따로 시간을 마련해 정리하는 것이 좋다. 아무리 메모를 잘해도 정리하지 않으면 안한 것과 같다. 메모는 인생을 바꾸는 힘이기에 언제든지 활용할 수 있도록 데이터베이스로 구축해야 한다. 내용별이나 날짜별 혹은 주제별로 정리해 메모를 읽어보는 습관을 길러야 한다. 이때는 느낀 점이나 아이디어를 다른 색 펜으로 적어두는 것도 한 방법이다.

그 외에도 사카도 겐지는 기록하고 잊어버리라고 말한다. 안심하고 잊을 수 있는 기쁨을 만끽하면서 항상 머리를 창의적으로 쓰라고 권한다.

성공한 사람들 중에서는 메모를 습관화한 사람들이 아주 많다. 또한 정보화 시대일수록 생각해야 하는 것과 계획해야 하는 것 그리고 고민해야 할 것들이 많아지게 된다.

정보가 무한대로 쏟아지는 시대에 우리 인간의 두뇌는 모든 것을 기억할 수는 없다. 순간적으로 떠오른 아이디어는 시간이 지나면 기억할 수 없다. 그래서 메모의 중요성이 더욱 강조된다.

이처럼 메모는 사람과 사람 사이의 관계를 유지해주는

중요한 수단으로, 메모가 습관화되면 어느새 성공한 자신을 발견할 수 있을 것이다.

* * *

나는 좋은 생각이 머리에 떠오를 때마다 그 즉시 기록할 수 있도록 메모장을 준비해 언제나 메모를 한다. 사무실이나 자동차로 이동할 때도 마찬가지이다. 심지어는 집의 화장실에도 메모지를 준비해놓고 좋은 아이디가 떠오를 때 즉시 메모를 한다. 그리고 언제나 '지금 바로 그것을 시도하자'라고 스스로에게 최면을 건다.

내 생각을 누군가가 시도하기 전에 먼저 하기 위해서이다. 나에게 새로운 아이디어가 떠올랐을 때 그 누군가도 나와 같은 아이디어를 생각해낸다는 사실을 잊어서는 안 된다. 그래서 좋은 아이디어가 떠올랐을 때는 즉시 실행에 옮겨야 하는 것이다.

내가 메모하는 이유는 타인의 신뢰성이 높아지기 때문이다. 메모하지 않는 사람을 나는 신뢰하지 않는다. 강의를 들을 때나 회의 시 메모장을 준비하지 않는 사람이나 중요한 결론을 냈음에도 메모하지 않고 고개만 끄덕이는 사람은 믿음이 가지 않는다.

또한 메모는 반성과 예측의 좋은 수단이 된다. 아침에 일어나 하루 일을 계획하고, 자기 전에 하루 있었던 일을 반성하는 것은 성공의 중요한 습관이다.

아침마다 수첩에 뭔가를 메모하다 보면 나도 모르게 새로운 아이디어가 많이 떠오른다. 또 예전에 했던 메모 수첩을 보며 미루었던 일들이 기억나기도 한다. 내가 좋아하는 시간 중 하나는 아침에 일어나 어제 일을 반성하고 하루 일을 계획할 때이다.

그리고 메모는 돈이 된다. 메모를 잘하는 것, 그 메모를 잘 활용하는 것만으로 우리는 한 단계 업그레이드 된다.

메모의 중요성은 아무리 강조해도 지나치지 않다. 메모장을 가지고 다니며 메모를 생활화해야 한다. 메모 시에는 아무것도 아닌 내용이 시간이 지나면 유용한 노하우가 된다. 그러나 메모를 아무리 잘해두었다고 해도 이를 활용하지 않으면 쓸모없는 쓰레기에 다름 아니다.

메모하는 습관을 생활화하면 성공으로 가는 지름길 하나를 발견한 셈이다. 만약 성공을 꿈꾼다면 석세스 툴Tool인 펜과 수첩을 항상 준비해야 한다. 그래서 자신의 생각과 아이디어를 메모해야 한다. 메모에 대한 열정이 자신에게 성공의 씨앗을 줄 것이다.

14 실패를 두려워하지 말자

내 생애 최대의 자랑은 한 번도 실패하지 않았다는 것이 아니라 넘어질 때마다 다시 일어났다는 것이다.
—골드 스미스

＊

일상생활의 대부분은 실패와 성공의 연속 과정에 있다. 어쩌면 일생을 실패와 더불어 살아간다고 해도 틀린 말은 아니다. 아이러니하게도 인류의 역사와 진보는 실패를 발판으로 발전해온 것이기 때문이다.

실패하지 않고 안전하게 사는 유일한 방법은 아무것도 하지 않는 것이다. 나무에서 떨어지지 않으려면 나무에 오르지 않으면 된다. 그러나 높은 나무 위에서 바라보는 경이로운 세상은 볼 수 없을 것이며, 실패할까 두려워 축구선수가 슛을 날리지 않는다면 결코 그 게임을 이길 수 없다.

실패는 성공의 어머니라고 했다. 빌본은 "인생이라는 게임에서 초기에 몇 번 실패하는 것은 바람직하다. 초기 실패는 인생에서 절대로 실패하지 않아야 한다는 압박감에서 당신을 자유롭게 해준다"고 했다.

또한 루스벨트는 "우리는 실수할 수도 있다. 그러나 도덕적인 원리를 저버리거나 낙담한 마음에서 비롯된 실수는 저지르지 말아야 한다"고 했으며, "실수하지 않으려고 아무것도 하지 않는 것이 가장 큰 실수다"고 서양 격언은 말하고 있다.

그러나 그 어떠한 실수와 실패라도 모두 다 필요하고 용납되는 건 아니다. 계획하고 목표하는 것들이 얼마나 가치 있고 명분 있는 것이냐에 따라 달라진다.

자신이나 우리 모두를 위한 도움이나 유익한 것을 추구하다 부딪치는 실수나 실패, 시행착오 등은 오히려 돈을 주고도 살 수 없는 참으로 값진 것이며 소중한 자산이다.

반대로 어떤 부정적 이미지의 몫이나 이익을 챙기기 위해 몸부림치다 떠안게 되는 실수와 실패는 역사도 좋은 평가를 내리지 않는다.

삶에 실패한 사람들의 경우 대부분 '꿈도 비전도 목표도 없다.' 아니 거대한 꿈과 비전과 목표는 있지만 구체적이고 명확하지 않아 방황하다가 원점으로 돌아가거나 후퇴한다. 자신의 잘못은 인정하지 않고, 실패를 타인의 잘못이나 불운으로 돌리면서 작은 일이나 사소한 일을 소홀히 한다.

이처럼 실패하는 사람은 큰 일만 좇다가 작은 일의 중요성을 간과하여 낭패를 보는 경우가 많다. 그리고 과거 좋았던 시절의 생각에 집착해 과거에 머무르는 경우가 대부분이고, 너무 빨리 포기하는 패착을 둔다.

실수와 실패, 시행착오는 우리가 평생을 짊어지고 가야 하는 필수적인 동반자이다. 따라서 꿈을 명확한 비전으로 바꾸고, 비전과 일치되는 단기적인 목표를 세워 성취의 흐름을 만들어야 한다. 수없는 반복과 되풀이 속에서 반성하고, 깨닫고, 새롭게 도전하고 시도하면서 성공적인 미래를 창조해야 한다.

실패는 누구에게나 고통스럽다. 그러나 최선을 다하지 못했음을 깨닫는 것은 몇 배 더 고통스럽다. 한 번 실패했다고 포기하지 말고 넘어질 때마다 다시 시작해야 한다. 넘어지는 것은 수치스러운 일이 아니지만, 넘어진 자리에서 일어서지 않고 계속 누워서 불평을 터트리는 것은 수치다.

스미스는 "실패할 때마다 조용히 그러나 힘차게 다시 일어나는 데에 인간의 참된 영광이 있다"고 했다. 실패를 해 본 사람만이 성공의 방법과 그 가치를 안다. 실수할지도 모른다는 두려움을 가져서는 안 된다. 실패할지도 모른다는 불안감이야말로 이제껏 '위대한 업'을 시도해 보려던 자신의 의지를 꺾었던 가장 큰 적이라는 사실을 명심해야 한다.

* *

실패를 바탕으로 성공한 사례들은 '실패로부터의 학습'의 중요성을 강조하고 있다.

아브라함 링컨은 "성공과 존경받는 비결이 무엇이냐"고 묻는 질문에 "내가 성공한 이유는 실패를 많이 경험했기 때문"이라고 대답했다.

빌 게이츠는 『생각의 속도』에서 "당신이 만일 유쾌하지 않은 소식을 접했을 때 그것을 부정적으로 받아들이지 않고 변화를 위한 필요로 받아들인다면, 그 소식 때문에 의기소침해지지 않을 것이다. 오히려 그것을 통해 배울 것이다"면서 실패로부터 배우는 것의 중요성을 강조했다. 비용이 들어간 여러 번의 실패가 마이크로소프트사의 더 큰 성공을 위한 학습과 기회가 되었다고 역설했다.

스티브 잡스는 애플 컴퓨터에서 쫓겨났다가 다시 복귀하

여 회사를 정상 궤도에 올려놓았으며, 모바일 생태계를 주름잡는 스마트폰의 대명사 아이폰iPhone을 출시에 모바일의 새로운 진화를 앞당겼다.

독일 바이엘사의 진통제 아스피린은 원래 염료로 개발됐다가 실패한 제품이었으며, 매독 병원체인 스피로헤타를 죽이는 살바르산이라고 불리는 '606호'를 만들어낸 독일의 에를리히는 한 번의 성공을 거두기 위해서 생쥐를 상대로 한 606번의 실패를 맛보았다.

또한 714개의 홈런을 친 전설적인 미국 프로야구 홈런왕 베이브는 714번의 영광을 맛보기 위해 1330번의 스트라이크 아웃을 당하는 아픔을 맛보아야 했고, 미국의 농구 황제 마이클 조던은 9000개의 골을 놓쳤고 300개의 게임에서 패한 것에 대해 "바로 그것이 성공한 이유"였다고 말했다. 골프 황제 타이거 우즈도 "원래 골프에서는 실패자밖에 없어요. 평생 이길 수 있는 경기보다 져야 할 경기가 더 많기 때문"이라고 했다.

에디슨은 전구를 발명하기까지 700번의 실험에 실패하였다. 그렇지만 "나는 한 번도 실패를 한 적이 없다. 다만 700가지의 방법이 효과가 없었음을 입증했다"면서 수천 번의 효과 없는 방법을 입증한 끝에 에디슨은 전구를 발명했다고 했다.

자동차 왕 헨리 포드는 여러 차례 파산의 아픔을 겪었다. 미국 3M사의 'Post-it'도 처음 접착제로 만들어졌으나 접착력이 약해 실패로 판명됐지만 한 직원의 아이디어와 집념을 통해 히트 상품이 됐다.

그리고 월트디즈니는 '오스왈드'라는 토끼 캐릭터가 상업적 권리를 상실하는 실수를 겪은 후에 그 실패를 바탕으로 '미키마우스'를 창조하여 성공시켰다. 나이키 스포츠의 에어쿠션화 역시 나사NASA의 한 엔지니어가 아이디어였으나 나이키가 몇 년 동안 실패를 거듭한 끝에 에어쿠션을 개발해냈다.

* * *

'실패는 없다. 피드백만 있을 뿐이다'라는 긍정적인 생각으로 도전해야 한다. 실패와 성공의 연속 과정에서 실패의 결과에 두려움을 가지고 좌절감 등의 부정적 감정을 가져서는 안 된다.

어떻게 하면 원하는 것을 성취할 수 있을 것인가에 집중하여 실패의 프로세스를 점검하고 피드백해 실패를 줄이고 성공의 디딤돌로 활용해야 한다.

성공하는 조직은 실패를 두려워하지 않고 정면으로 맞서 성공으로 이끄는 능력이 있는 조직이다. 실패의 경험을 통해 다양한 지식을 습득해 자산화하고, 그 '실패로부터의 학습'을 통해 잠재 능력을 최대한 발휘할 수 있도록 시스템을 만들어야 한다.

성공에는 오직 한 가지 이유만 존재하지만, 실패에는 수천수만 가지의 변명이 따른다고 했다. 우리는 실패할 때 자신과 그 일에 대해 가장 많이 배운다. 실패가 두려워서 시도조차 하지 않는다면 한 걸음도 앞으로 나갈 수 없다. 승자는 실패를 통해 성공에 다가서는 법을 배우고, 패자는 실패를 통해 성공에서 멀어지는 법을 배운다.

실패는 누구나 할 수 있다. 그런데도 누구는 성공한 사람이 되고, 또 누구는 실패한 사람으로 남는 이유는 실패의 교훈을 약으로 삼지 않았기 때문이다.

실패를 좋아할 사람은 아무도 없다. 그러나 한 단계 도약하기 위해서는 실패에 익숙해져야 한다. 실패를 두려워하고 피해서는 절대 안 된다.

버나드 쇼는 "살아 있는 실패작은 죽은 걸작보다 낫다"고 했다. 아리스토텔레스는 "꿈이 있는 한 이 세상은 도전해 볼만하다. 어떠한 일이 있더라도 꿈을 잃지 마라. 꿈은 희망을 버리지 않는 사람에게 선물로 주어진다"고 했다.

도전 없이는 성취도 없다. 실패를 잘 관리하여 실패로부터 배우고, 우리의 삶과 일에서 효과를 지속적으로 높여가야 한다. 우리가 모든 상황에서 배우려고 노력한다면, 특히 실패라고 생각되는 경우에도 계속적으로 전진할 수 있다.

괴테는 "어떤 행동을 실행하여 실패하는 것보다도 자신의 우유부단함을 두려워하라"고 했으며, 중국 격언에는 "무수한 작은 실패들이 커다란 성공을 이끌어 낼 수 있는 법이다"라고 했다.

그 어떤 경험을 통해서든지 끊임없이 성장하는 전진 학습의 시스템을 구축하면 할수록 더 이상 '실패라 불리는 것'을 두려워하지 않게 된다.

15 업무에 정통한 인물을 적재적소에 배치하자

 업무수행의 도약과 기술이 혁명적 진보를 이루기 위해서는 새로운 지도, 새로운 패러다임, 세상에 대한 새로운 사고방식과 관점이 필요하다.—스티븐 코비

＊

　인간은 사회인으로써 개인 생활을 영위하거나 회사 업무를 수행할 때는 누구나 시간과 에너지라는 한정된 자원을 가지고 자신의 목표를 향해 뛰고 있다.

　그러나 자신이 원하는 생각이나 방향으로 모든 것이 이루어지지는 않는다. 특히 직장 생활은 상사나 동료 직원, 부하 직원과의 관계가 매우 중요하다.

　경영학의 창시자 피터 드러커는 "사람은 모든 것을 잘할 수 없고 그럴 필요도 없다. 자신의 강점을 극대화하는 것

이 곧 성공"이라고 했다. 업무 수행의 획기적인 도약과 기술이 혁신을 이루기 위해서는 반드시 새로운 지도, 새로운 패러다임, 세상에 대한 새로운 사고방식과 관점이 필요하다고 역설한 것이다.

콜럼버스의 신대륙 발견은 500년 전 사람들의 세계에 대한 자신들의 지식을 반영하는 나름대로의 지도를 가지고 있었다. 하지만 새로운 인도 항로를 발견하기 위해 정서향 항해를 강행하면서 고정관념에 반기를 들었다. 그 결과 기존의 인식이 변화된 것이다.

그러나 인재를 적재적소에 기용해 부하가 스스로 따를 수밖에 없을 정도로 훌륭한 인품을 갖춘다는 것은 쉬운 일이 아니다. 또한 그러한 인품이 있다고 해도 사람을 다루는 기술이 부족하면 참된 리더가 되기는 어렵다.

인재를 잘 쓰기로 유명한 송나라의 재상 여몽정呂蒙正은 "물이 지나치게 맑으면 고기가 살지 못한다"고 했다. 그는 언제나 품속에 수첩을 넣고 다니다가 인재를 면접할 때마다 그 사람의 뛰어난 재주를 기록해두었다가 인재가 필요할 때면 수첩의 기록을 보고 즉시 적당한 인재를 뽑았다고 한다.

어떤 사람이 특히 잘하는 일(특기), 즐겨하는 일(취미)을 기억했다가 기회가 있을 때마다 화제로 삼는 것도 사람의 마음을 사로잡는 좋은 방법이다. 그러나 여몽정처럼 기록해서 관리한다면 적재적소에 필요한 유능한 인재를 발굴해 이용할 수 있다.

＊＊

피터 드러커는 "직장에서 전문적인 일을 훌륭하게 수행하려면 전공과목이 유리한 역할을 하는 것은 사실이다. 그러나 그러한 목적의 편리성만 가지고 장기간에 걸친 고등교육의 효과를 측정하는 것은 옳지 않다. 현실적인 성과라는 측면에서 보아도 그것만으로는 교육이 너무나 비싸게 여겨진다. 교육이 발달된 사회에서 교육의 실효성을 가늠하려면, 그 교육이 과연 학교를 졸업한 지 15년 이후에도 어떤 업무에 유효한가를 보아야만 한다. 길게 내다보는 교육, 길게 내다보고 뛰는 교육, 그것이 바로 우리에게 필요하다"고 했다.

직장 내에서는 지위에 따라 역할과 행동이 달라진다. 상사나 동료, 부하로서 각각 리더십과 파트너십, 펠로우십을 발휘하는 것이 중요하다.

부하를 대할 때는 인격적으로 대우하면서 공정하게 평가

하고, 부하의 성장과 발전을 후원하는 리더십을 지녀야 한다. 동료를 대할 때는 협력적 태도로 일보다 인간관계 중심으로 교류하고, 내가 먼저 양보하는 파트너십을 가져야 한다. 상사를 대할 때는 상사의 성격이나 업무 스타일을 존중하고, 상사가 지시한 일을 정확하게 수행하는 펠로우십을 지녀야 한다.

이처럼 직장에서 인간관계를 조화롭게 유지하기 위해서는 좋은 성품과 성격을 습관화해야 한다. 항상 밝은 표정의 미소를 짓고 다른 사람의 이야기를 경청해야 한다.

따뜻한 관심과 배려를 베풀고, 커뮤니케이션은 솔직하게 하고, 유머를 자주 사용해 일할 수 있는 분위기를 조성해야 한다. 불평하거나 비난하지 않고 겸손해야 하고, 궂은 일은 먼저 앞장서고, 책임을 다른 사람에게 돌려서는 안 되며, 약속은 반드시 지켜야 한다.

* * *

21세기는 전문가 또는 리더의 시대이다. 전문가는 오랜 시간 돈과 시간을 투자해서 얻을 수 있는 값진 자리이다. 특히 인간 경영은 관리자가 아닌 리더가 되는데 있다.

리더는 희망을 주는 사람이다. 리더의 말 한 마디, 행동들이 영향력을 발휘해 주위의 자발적인 협력을 이끌어내 성과를 이뤄낸다.

제 아무리 유능한 관리자라 하더라도 부하 직원들과 융화하지 못하면 리더로서의 자격이 없다. 또한 원론적이고 고전적인 업무 방식이나 매뉴얼에 너무 얽매이지 않고 업무 특성과 성격에 맞게 리더십을 발휘하는 사람, 항상 업무를 시각적으로 자극할 수 있는 시스템을 만드는 관리자가 되어야 부하 직원들의 존경을 받는다.

인간의 성공은 근면성과 인내심 그리고 노력이 필수조건이다. 그러나 전문적 지식과 기술의 연마 없이는 목표하고자 하는 일들을 성취할 수 없다. 모든 업무에 종사하는 사람은 쉬지 않고 새로운 지식과 정보를 얻어서 창의성을 발휘해야 그 개인이나 기업이 성장 발전할 수 있는 것이다.

생텍쥐페리는 "인간은 상호관계로 묶어지는 매듭이요, 거미줄이며 그물망이다. 이 인간관계만이 유일한 문제"라고 했으며, 헨리 카이저는 "인간은 저마다 신의 아들이므로 모든 인간이 중요하다는 사실을 잊지 않는다면 자연스럽게 좋은 대인 관계를 유지할 수 있을 것"이라고 했다. 인간관계가 유일한 문제라면 유일한 해결도 인간관계인 것이다.

위컴 박사의 조사에 의하면 직장을 떠나는 사람들의

90%가 인간관계가 원인이라고 했으며, 업무와 관련된 이유로 직장을 그만두는 사람은 불과 10%라고 한다.

한 취업 포털에서 실시한 설문조사에서도 직장을 퇴사하고 싶은 이유 중 첫 번째로 꼽힌 것이 "직장 내 힘든 인간관계 때문(33.2%)이다"라고 응답했다. 이렇듯 다른 사람들과 잘 어울리는 능력은 성공적인 직장 생활을 위해 가장 중요한 일이다.

조직의 경쟁력은 그 조직을 구성하는 사람들의 역량에 의해서 결정된다. 그래서 기업들은 창의적 인재를 관리하는데 많은 노력을 한다. 단순히 많은 사람들을 가진 기업이 아니라 창의적 인재를 많이 가진 조직이 성공한다.

창의성은 새로움만을 의미하는 것이 아니라 유용성과 고품질을 포함한다. 창의적 인재는 조직에서 새로운 것을 만들어내는데 그치지 않고, 이것을 유용하게 활용해 좋은 품질을 만들어내는 사람이다.

관리자들은 조직 관리의 중요성을 잘 알기에 조직 관리의 극대화를 위해 노력한다. 조직의 핵심 인력들이 회사를 떠나지 않고 남아있도록 지지하는 것이다.

우수한 인력은 학력이나 스킬, 경력 등 기술적 역량만이 아니라 승부 근성이나 근면하고 성실한 직업윤리 등 태도나 정서적 역량도 높은 사람이어야 한다.

조직원 개인과 직무 간의 관계를 유기적으로 결합시켜 개인이 갖고 있는 역량을 최대한 발휘할 수 있도록 적합한 자리에 인재를 배치하는 것이 조직의 성패를 좌우한다.

이를 위해서 사람과 직무에 대해서 충분한 정보를 확보해 적절한 시기에 적합한 사람을 적합한 포지션에 투입하고, 구성원들의 역량을 지속적으로 개발시키는 노력을 아끼지 말아야 한다.

이것이 바로 리더십으로 회사나 팀의 변화를 주도한다. 그래서 많은 사람들은 "관리자가 되지 말고 리더가 되어라"고 말한다. 링컨은 "어떤 사람을 내 사람으로 만들려면, 먼저 당신이 그의 진정한 친구임을 확신시켜야 한다"고 했다.

16 권한과 책임은 명확하게 하자

 책임과 권한은 동전의 양면과 같다.
권위가 없는 책임이란 있을 수 없으며, 책임이 따르지 않는 권위도 있을 수 없다.—막스 베버

*

　권한이란 일정한 과업을 수행하고 타인에게 그것을 시키게 하기 위해서 각 직위에 부여된 공식적인 권리를 말한다. 권위와 유사한 개념으로 사용되는 말로 정당성이 부여된 권리이다. 이러한 속성은 권한이 행사되는 대상인 상대방의 복종을 요구할 수 있는 능력으로, 보상이나 벌과 같은 수단에 의해 뒷받침된다. 만약 그렇지 못하면 권한의 행사가 무의미해진다.

　또한 권한은 조직의 지배적 규범에 의하여 정당성을 인정

받은 것으로 쌍방이 정당하다고 인정할 수 있는 공식적인 역할에 주어진다. 조직의 규범이 '하나의 역할 담당자가 일정한 권한을 갖는다'라고 규정해 줄 때 권한을 가지는 것이다. 즉 권한은 조직의 공식적인 구조를 형성하는 접착제 같은 요소로서 분할된 조직 단위를 연결하는 수직적인 관계로 역할 담당자 간의 관계를 설정하는 요소이다.

관리 조직에 있어서의 권한은 그 조직의 목표(목적)를 달성하기 위한 사항을 결정하고, 그 조직 구성원들로 하여금 그것에 따르도록 하는 권리 또는 지위의 범위이다. 즉 권한은 그 조직을 유지하고 발전하는데 있어서 없어서는 안 되는 요소로, 주어진 업무를 달성하기 위한 무기이다.

자신의 이익이 아니라 '제3자(타인)를 위해서' 권리나 의무를 발생하게 하는 것이다. 내가 가진 권한이란 스스로 찾아야 하며, 주위에서 인정해줄 때 그 위력이 발생한다. 따라서 목적에 어긋나지 않게 효과적으로 활용하는 것이 중요하다.

＊＊

레인홀드니버는 "책임이란 말을 빼버리면 인생은 아무 의미도 없다"고 했다. 어느 곳이든 책임이란 단어는 존재한다. 참 흔한 단어이기도 하지만, 이 단어에 무거운 중량감이 느껴지는 것 또한 사실이다.

책임이란 '인간의 어떤 행위가 그 행위의 주체로 돌아가는 것'이나 '맡아서 해야 할 임무나 의무' 또는 '어떤 일에 관련되어 그 결과에 대하여 지는 의무나 부담 또는 그 결과로 받는 제재制裁'를 말한다.

따라서 책임이란 누군가에 의해 결정하여 부여받는 것이다. 제공해야 할 것을 제공하는 것 그 자체이며, 자기가 가지고 있는 권한과 함께 타인에게 제공해야 할 업무를 파악하고 그것을 제대로 제공하는 일 그 자체를 말한다.

우리가 산다는 것도 곧 책임이다. 많은 사람을 만나면서 인연을 맺고 자신의 존재를 책임져야 하는 것이 바로 인생이다. 내가 선택하지 않은 인생은 없다. 그러나 모든 것은 스스로 선택한데 따른 결과물이라는 사실이다.

이 말은 곧 책임질 일이 늘어난다는 것을 의미한다. 책임을 다른 사람들과 나누어 가질 수 있는 물건이 아니며, 돈으로 살 수도 없는 것이다.

그래서 탈무드는 "승자는 책임지는 태도로 살며 패자는 약속을 남발한다"고 했다. 어리석은 지배욕과 책임 전가 의식은 누구에게도 인정받지 못한다.

또한 사과할 줄 모르는 사람이나 실수를 인정하거나 책임지지 않는 태도는 관계를 악화시킨다. 자신에게 맡겨진 일에 책임을 다했을 때 무거운 짐에서 벗어날 수 있다.

자신에게 닥친 어려움이나 불행에 대해 자신의 책임을 인정하지 않는 사람들은 궁지에서 벗어나 마음 편해지기 위해 즉각 다른 사람에게 비난의 화살을 돌린다. 물론 스스로 책임진다는 것은 자기 잘못을 인정해 불이익이 따르기 때문에 결코 쉬운 일이 아니다.

그러나 책임을 남의 탓으로 한 번 돌리기 시작하면 습관으로 굳어지게 된다. 책임을 회피하기 보다는 그 책임에 대한 또 다른 책임을 가지고 실수에 대한 완벽한 Follow-up이 뒤따를 때 실수는 더 창조적이고 생산적인 기회로 승화될 수 있다. 자신에게 솔직해져야 마음이 편안해지고, 행복을 받아들일 준비가 되는 것이다.

책임이란 자신을 비난하고 자학하는 것이 아니다. 어떤 사건이 일어났을 당시의 자신을 이해하고 받아들이고 용서한 뒤 상대와 자신을 위한 최상의 결과를 가져오기 위한 선택이다.

영국 속담에 "휜 막대기에는 휜 그림자가 있다"는 말이 있다. 어떤 일을 시작할 때 원인이 잘못되면 그 결과 또한 잘못된다는 뜻이다.

성공을 믿었던 계획이 실패로 끝났을 때 많은 사람들은 책임을 남에게 전가하려고 한다. 가능하면 실패의 원인이 어디에 있는지를 냉정히 파악하고 다음 계획에 활용해야 한다. 누구나 실패를 하지만 같은 실패를 반복해서는 안 된다. 에머슨은 "어떤 일의 원인과 결과는 양면성을 띤다"라고 했다.

상황을 어떻게 해석하고 어떻게 대응하느냐에 대한 책임은 항상 자신에게 있다. 사람은 누구나 자신의 대응을 완전히 통제할 능력이 없다는 변명을 할 수도 있다. 그러나 아무리 싫다고 버둥거려도 자신의 책임을 회피할 수는 없다. 따라서 주어진 상황을 어떻게 해석하고 대응할 것인지를 신중하게 결정해야 한다.

그렇다고 모든 사건에 대한 책임이 자신에게 있는 것은 아니다. 그 사건을 어떻게 해석하고 대응하느냐에 대해선 항상 책임이 있다. 문제는 우리에게 무슨 일이 일어났느냐가 아니라 그것에 어떻게 대응하느냐이다.

누군가에게 책임을 미루는 것은 그에게 권한을 넘기는 것이다. 모든 책임은 나에게 있다는 사실을 제대로 인식하지 못하면 성공하는 것은 사실상 불가능하다.

책임은 국가에, 주변 여건에, 배우자에게, 건강에, 교육에, 경제적인 상황에 있지 않고 바로 나 자신에게 있다. 무슨 일이 어떤 식으로 닥치든 결국 자신 안에 들어있는 것을 내보일 수밖에 없다. 남의 탓 그만하고 자신의 삶에 주인이 되어야 한다.

지금 무엇인가 간절하게 소망하는 것이 있다면, 다른 사람이나 주변 환경 때문에 성취하기 어렵다고 주저앉아 있는 것보다는 과감하게 책임을 선택하고 책임의 능력을 체험해야 한다. 인생의 중요한 영역의 일에서나 인간관계에서 자유롭고 싶다면 변명을 버리고 책임의 자유를 선택하는 것이 훨씬 현명한 방법이다.

톨스토이는 "오늘의 책임은 회피할 수 있지만 내일의 책임은 회피할 수 없다"고 했다. 자신이 누리고 있는 자유에는 항상 그에 합당한 책임이 따른다. 어떠한 희생을 감수할 줄 아는 자만이 책임감이라는 자유의 이름을 누릴 자격이 있다. 책임감 없는 자유는 한순간의 유희이며, 그 뒤에는 미련과 후회만이 남는다.

＊＊＊

직장생활을 하다 보면 누구든 맡은 바 책임이 있고, 이를 위해 행사할 수 있는 권한이 있다. 때론 자리에 부여된 고유한 권한도 있고, 윗사람으로부터 위임 받은 권한도 있다. 하지만 위임 받은 권한이란 언제든 회수될 수 있다는 점을 잊어서는 안 된다.

직장생활은 변화의 연속이기에, 계절에 따라 나무들이 옷을 갈아입어야 하듯 나에게 주어진 일과 책임에 따라 각오와 준비가 필요하다.

조직에서 권한과 책임에 있어서 "나에게 주어지는 권한은 없고 책임만 있다"라고 말한다. 어떤 일이 잘못되면 모두 내 탓이 되고 내게 책임을 물을 때가 많다. 성과가 좋을 때는 모두 자기가 한 것처럼 말하지만 나쁠 때는 누구도 책임을 지려하지 않고 떠넘길 사람을 찾게 된다.

하지만 내게 주어진 권한을 찾고자 하는 노력이 없다면 권한은 한없이 오그라들어 책임이 훨씬 커진다. 책임마저 핑퐁 게임처럼 결국 나에게 돌아온다. 리더는 누군가에 의해 결정되는 책임이 아니라 스스로 책임지는 사람이다. 성과는 함께 한 다른 사람에게 돌리는 겸손한 사람이다.

'책임=권한=의무'라는 삼면등가의 원칙이 있다. 책임이란 담당자가 맡은 직책에서의 책임 사항을 의미하고, 권한이란 책임을 수행하기 위해 부여받는 권리의 의미한다. 그리고 의무란 책임과 권한을 받은 이가 이를 통해 수행한 목적 달성 의무, 즉 결과에 대한 책임이다.

결국 책임이 주어지고, 이 책임에 적합한 권한이 주어져야 하고, 책임과 권한을 활용한 후 이에 대한 책임을 질 의무가 모두 등가여야 한다는 원칙이다.

만약 책임과 의무는 주어지지만 이에 걸맞은 권한이 주어지지 않으면 어떠한 일도 할 수 없다. 또 권한은 주어졌지만 과도한 의무를 가져야 한다면 이 또한 부당한 일이 될 것이다. 이것이 바로 삼면등가의 원칙이다.

책임과 권한은 동전의 양면과 같다. 권한은 동료들과 나눌 수 있지만 책임은 함께 나눌 수 없다. 만일 자신이 리더가 되어 어떤 길을 정했다면, 그 결과에 대한 책임은 전적으로 자신이 져야 한다.

스스로 어떤 조직에서의 권한을 키우고 싶다면 더 많은 일에 책임지면 된다. 스스로 책임을 지지 않으려고 하면서 자기 권한을 유지 혹은 확대하려 하거나 다른 이에게 아무 권한도 주지 않으면서 더 큰 책임을 지우려 할 때는 갈등이 생길 수밖에 없다.

개인에게 과하게 주어졌던 책임을 덜어주고 조직이 져야 하는 책임의 몫을 함께 담당해야 한다. 개별 사업에 대해서도 조직의 몫을 어떻게 함께 담당할 것인가를 살피며 책임을 나눠야 한다.

따라서 책임과 권한은 항상 동시에 작동되어야 한다. 부하 직원이 임무 수행을 위하여 일정 부분 권한을 요청할 때 리더가 부하 직원의 책임 완수를 위하여 도와주지 않는다면 나중에 책임을 물을 권한이 없다.

따라서 리더는 책임을 묻기 전에 그 책임자의 요청을 다 들어주었는지를 체크한 후 책임을 물어야 한다. 책임 없는 권한은 없어야 한다.

17 사내 분위기 조성이 내부 경쟁을 살아나게 한다

 경쟁은 우리를 대담하게 만들고, 사고와 장애물 앞에서도 우리를 전진하게 만드는 자극제이다.
—로얄 아문센

＊

근무지 만족도를 좌우하는 것은 '직장 분위기'가 가장 큰 요인이며, 그 다음으로는 '업무 만족도'와 '직장 동료와의 관계' 그리고 '상사와의 관계' 순이라는 기사를 접한 적이 있다.

직장 분위기를 해치는 가장 큰 장애 요인으로는 '관행적인 분위기'와 '직원들의 관심 부족'이었다. 아울러 직장 분위기를 좋게 하기 위해서는 직장 동료와의 호의적 유대감과 단결력 등을 꼽았다.

좋은 회사는 직원들에게 자긍심을 심어주는 곳이다. '사람들이 직장을 옮기는 것은 연봉이나 직급에 대한 불만보다 회사가 자신을 존중하지 않기 때문'이라는 설문조사 결과를 보듯, 직원들이 사내에서 존중받고, 중요한 역할을 하고 있다고 느끼도록 분위기를 조성하는 것이 중요하다.

일할 수 있는 분위기란 직원을 위한 다양한 복리후생과 근무하기 쾌적한 사무실 환경, 능력껏 주어지는 연봉도 중요하다. 하지만 그에 못지않게 직원들 간에 적극적으로 배려하는 마음이다. 회사 분위기는 회사 구성원 스스로 만들어가는 것이기 때문이다.

경영학자 맥그리거의 'Y이론'에 따르면, 인간은 오락이나 휴식뿐 아니라 자존과 헌신에 대해서도 본성적으로 욕구가 있기 때문에 자발적으로 일할 마음을 갖게 하면 능력의 극대화가 가능하다고 했다.

말 많은 집은 장맛도 쓰다고 했다. 실패할 사람은 안 될 이유만 찾아낸다. 여건과 환경을 탓하고, 분위기를 탓하며, 상사와 부하를 탓한다. 그러나 안 될 이유가 있다면 반드시 되는 이유도 있는 것이다.

직장 분위기가 좋지 않으면 일할 맛이 나지 않아 사기 저하는 물론 일의 능률이 떨어지고 건강에도 영향을 미친다.

직장에서의 스트레스가 우울증이나 심장병 및 다른 건강의 위험을 증가시켜 생산성을 낮추고, 무력감을 크게해 조기 은퇴를 불러온다는 것은 이미 잘 알려진 사실이다.

요즘 모든 회사들이 어렵다고 토로한다. 회사가 위기를 탈출하기 위해서는 직원들 간의 커뮤니케이션을 통한 창의력을 최대한 이끌어내야 한다.

창의성과 능력을 이끌어내기 위해서는 직원들이 자발적으로 일하기 좋은 직장을 만들어야 한다. 이것은 리더인 최고경영자와 임직원 간에 사랑과 신뢰를 바탕으로 공동의 선善을 창출해나갈 때 가능하다.

시장은 급격하게 변화하고 경쟁 또한 갈수록 치열한 현시점에서, 기업이 살아남기 위해서는 인간관계를 회복하는 것이 최우선이다. 사람과 사람의 정을 느낄 수 있는, 일할 수 있는 분위기 조성이 무엇보다도 필요하다. 인간적인 사랑과 신뢰를 주는 행위인 인간 경영에 성공한 기업들은 불황기에도 빛을 발하고 있다.

좋은 회사는 내 집보다 더 편안한 마음으로 일할 수 있고, 내 가족처럼 좋은 동료들과 함께 선의의 경쟁을 하면서 일할 수 있어야 한다. 그리고 회사가 비전이 있고 성장하는 만큼 나도 함께 성장해 갈 수 있어야 한다.

＊＊

현대는 자신의 성공과 보람된 삶을 살기 위하여 타인과의 경쟁이 갈수록 치열해지고 있다. 현대인들에게는 남보다 뒤진다는 것은 바로 패배이며 도태를 의미한다. 따라서 살아남기 위한 무한 경쟁이 현대인의 마음속에서 욕망에 대한 적당한 선의 타협을 어렵게 만들고 있다.

내가 잘하는 것을 남에게 자랑하고 싶은 마음과 남들보다 더 뛰어나야 한다는 욕심 때문에 누군가 나보다 앞서 가면 마음이 급해지고 불안해진다.

이 시대가 경쟁만을 요구하는 사회인지라 경쟁심이 삶의 원동력이라는 사람도 있다. 하지만 '남보다 더'에서 시작한 경쟁심은 몸과 마음을 상하게 한다. 지나친 경쟁에서 오는 폐습은 매사에 욕심만 앞세운다. 이로 인한 치열한 경쟁과 배금주의 때문에 고독감도 더 커졌으며, 현대인의 공포와 불안은 병이 되어버렸다.

콤즈는 "경쟁사회에 대한 신화는 경쟁을 굉장한 동기유발체제라고 믿는 또 다른 형태로 학교에 팽배되어 있다"고 했으며, M. Mead는 "경쟁은 시간적으로 보나 공간적으로 보나 모든 사회의 공통적 행동 양식은 아니며, 또한 경쟁의 정도와 수준도 사회마다 달랐다"고 했다.

영국 속담에도 "양보가 때로는 성공의 가장 좋은 방법이 되기도 한다"고 지적하고 있다. 경쟁자의 성공을 따라 하려거나 경쟁자의 성공을 시기하거나 탐을 내서는 안 된다.

스스로가 변화기 위해서는 남과 경쟁하지 말고 자기 자신과 경쟁해야 한다. 자신의 장점과 단점을 잘 파악하고, 장점은 더욱 살리면서 단점을 고쳐나가 자신을 끊임없이 개선시켜야 한다.

과거의 잘못은 관대하게 용서하고, 자신의 외모나 가정, 성격 등을 포용하도록 노력해야 한다. 이것을 탓하거나 구실로 삼아 패배자가 되어서는 안 된다.

자신이 목표한 인생 시간표에 맞춰서 남과 비교하지 않으면서 자신의 삶을 살아야 한다. 자신의 진정한 발전을 위해서는 '남보다'가 아니라 '전보다' 나아질 필요가 있다.

세계 최고의 자리에 오른 사람들이 꾸준히 자신의 자리를 지키고 있는 비결은 바로 자신과의 경쟁에게 이겼기 때문이다.

어린 나이에 세계 최고의 자리에 선 피겨의 여왕 김연아 선수는 "제가 추구하는 피겨는 남과의 경쟁에서 이기는 것이 아니라 나와의 싸움에서 이기는 거예요. 제가 만족할 수 있는 수준에 도달하는 것, 지금은 그게 가장 중요해요"라고 했다.

위대한 경쟁일수록 다른 사람과의 경쟁이 아니라 자기 자신과의 경쟁이다. 자기 자신과 경쟁한다면 즐기면서도 자신의 목표를 향해 달려나갈 수 있다.

나보다 나은 사람들과 나를 비교하거나 부러워하고, 질투하고 패배의식에 젖게 되면 마음이 괴롭거나 의욕을 상실하게 된다. 남보다 뒤처진다고 조급해하지 말고 뚜벅뚜벅 한 걸음씩 걷는 것이 경쟁에서 이기는 길이다.

강지원 변호사는 좋은 경쟁과 나쁜 경쟁이 있다고 했다. 그가 말하는 좋은 경쟁의 주체는 바로 '자신'이라고 했다. 오직 "자신에게 충실하며 최선의 목표를 향해 전력 질주하는 경쟁"이라고 했다. 그리고 나쁜 경쟁의 주체로는 '남'이라고 했다. "사사건건 남을 의식하면서 남과 비교하며, 이기는 데 목표를 둔 경쟁"이라고 하면서 "인생이라는 마라톤의 참된 의미는 순위 다툼이 아니라 자신과 싸워 자신의 역량을 최대한 발휘하는 데 있다"고 했다.

진정한 경쟁 상대는 성공의 지렛대라는 말이 있다. 자극을 많이 받을 수 있는 좋은 경쟁 상대를 만들어야 한다. 긍정적인 동기를 부추겨 줄 수 있는 좋은 친구와 라이벌을 가까이 하고 많을수록 좋다.

그러나 나를 한 단계 업그레이드 시킬 수 있는 훌륭한 경쟁 상대를 만난다는 것은 쉬운 일은 아니다. 이러한 내부 경쟁을 유도하기 위해서는 일할 수 있는 사내 분위기 또한 중요하다.

* * *

21세기는 조직과 시스템 경영만으로는 경영 위기를 극복할 수 없다. 바로 인간 경영이 필요한 시점이다.

인간 경영이란 단순히 조직의 구성원 개개인을 다스린다는 뜻이 아니라 조직 안팎에서 발생하는 모든 인간관계를 효과적으로 조정하고 이끌어가면서 사람의 마음과 마음을 하나로 묶는 것을 말한다. 즉 일할 수 있는 사내 분위기를 조성하고, 동기 부여를 할 수 있는 내부 경쟁을 통해 마음을 통한 상호 교류이다.

단순 사고에서 복잡 사고로의 전환시대, 한 치 앞을 내다보기 어려운 격변하는 시대, 변화와 불확실성의 시대 속에서도 인간 경영의 원칙에 변화가 없는 이유는 인간관계가 그만큼 중요하기 때문이다.

좋은 직장 분위기란 이런 휴머니즘이 짙게 깔려 있는 곳이다. 수평적인 관계가 지속될 수 있는 팀 분위기, 각 분야가 전문화되어 자신만의 업무에 집중할 수 있는 조직, 각 개인이 희생되어야 하는 게 아니라 자발적으로 일에 몰두할 수 있는 환경, 조직 구성원 간의 신뢰와 배려가 있는 좋은 일터, 미래지향적이고 역동적인 조직 문화를 정착시키기 위해 일하고 싶은 직장 분위기, 직원의 미래에 관심을 가져주는 회사가 일할 맛 나는 직장 분위기가 정착된 회사이다.

그러나 이건 일부분에 지나지 않는다. 어떤 일이든 자신은 지금 매우 중대한 계획에 참여하고 있다고 생각하는 책임 의식을 가지고, 스스로를 변화시키면서 끊임없이 정직하려고 노력하고, 건전한 경쟁의식을 고취시키면서 주위에 내 도움이 필요한 이들을 도우면서 노력하는 것이다.

내가 가슴을 열어 놓고 상대에게 진솔한 마음을 털어 놓을 때 상대방도 나에게 마음을 열어 놓는다. 비록 나와 경쟁하는 상대일지라도 그를 흠집내기 위해 모함하거나 음해를 가해서는 안 된다.

행복을 파는 회사란 고객을 기쁘게 하는 것만이 아니다. 좋은 사내 분위기를 만들어 직원들의 사기 앙양을 북돋우면서 창의력을 발휘할 수 있는 경쟁을 유도하는 것이다.

이러한 내부 경쟁이 회사를 위대하게 만드는 가치를 생산한다. 모두의 행복을 바라는 마음, 그것이 나의 행복이고 회사의 이익이 된다.

치열한 경쟁에서 살아남는 것은 어찌 보면 자연의 이치요 순리이다. 그렇지만 경쟁 상대의 좋은 점에 초점을 맞추고 그것을 칭찬해주는 것, 그것은 그 어떤 질책보다도 훨씬 더 강력한 효과로 나타난다.

상대방을 동기 부여시킴은 물론 그 말을 한 자신까지도 기분이 좋아지게 만든다. 즉 칭찬은 행복하면서도 활력 있는 회사 분위기를 만들어내는 진정한 원동력이다.

이러한 회사의 자유로운 분위기가 직원들의 상상력을 자극해서 기업의 경쟁력까지 높인다. 따라서 일할 수 있는 분위기 조성과 선의의 경쟁의식을 통한 업무 활성화를 극대화시키기 위한 노력이 필요하다.

[행복 10계명]

❖❖

행복한 사람이 되고 싶으면 마음의 세계
를 이해해야 한다. 행복도 불행도 모두
마음에서 비롯된다. 자신의 삶이 늘 각박
하고 무가치하게 느껴지는 것은 아집과
편견에 사로잡힌 꽉 닫힌 마음 때문이다.
행복의 길을 찾아 떠나고 싶다면 닫힌 마
음을 과감하게 열어젖혀야 한다.

❖❖

01 일주일에 서너 번은 운동을 하자

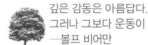

깊은 감동은 아름답다.
그러나 그보다 운동이 더 좋다.
—볼프 비어만

*

운동이 좋다는 것은 누구나 다 아는 사실이다. 운동의 사전적인 의미는 생명체가 능동적으로 움직이는 여러 움직임의 총칭을 뜻한다. 그런데 아직도 많은 사람들에게는 "무작정 운동을 많이 하면 누구나 건강해진다"는 건강운동 예찬론에 대한 왜곡된 인식이 존재한다.

히포크라테스의 제자 갈라노스는 "사람들이 단순히 움직인다고 해서 운동이 아니며, 격렬한 움직임이 있어야 한다. 그 사람의 심장을 더 빨리 강하고 뛰게 하고 숨이 차게 할 수 있다면 그것이 운동"이라고 정의했다.

운동이란 성격이나 상황에 따라서 항상 어느 정도의 위험이 따른다. 적잖은 사람들에게서 과도한 운동으로 인하여 오히려 건강에 해를 가하는 사례들이 종종 유발되고 있다는 사실을 간과해서는 안 된다.

그리고 운동을 할 때는 즐기면서 하라고 말한다. 운동은 뇌를 행복하게 해주고 머리를 좋게 해준다. 운동은 우울증이나 치매 등을 불러일으키는 병든 뇌를 치료할 수 있는 특효약이다. 이 약은 부작용도 없으며 체중 조절 효과까지 덤으로 제공한다. 거의 만병통치약이라 할 만한 영약이다.

대부분의 사람들은 몸을 움직여서 땀 흘리는 신체적인 활동 모두를 운동으로 생각한다. 그래서 자신의 건강과 체력 수준과는 상관없이 남들이 하는 것을 따라 한다. 아직도 많은 사람들이 운동의 정의를 정확히 모르기 때문이다.

운동은 순환이고 신호이다. 우리 몸에 혈액순환을 원활히 하고 신경조직을 자극해 모든 장기나 조직에 적절한 신호를 주는 역할을 하며, 항상성을 잘 유지하고 건강하게 생활할 수 있도록 해준다. 또한 원만한 인간관계와 리더십도 길러질 뿐 아니라 업무 성취도와 창의성도 높아진다.

이처럼 운동은 건강을 유지하기 위해서 매우 필요한 조건

중의 하나이다. 운동이 부족하면 건강에 장애가 발생하지만 과도한 운동 또한 오히려 해가 될 수 있다.

건강을 유지하기 위한 적당한 운동의 범위는 각자 개인의 체력에 맞게 운동의 강도와 그 빈도와 시간을 선택해야 한다. 사람마다 체력의 개인차가 있기 때문이다.

행복과 성공에 이르는 가장 빠르고도 확실한 길이 바로 규칙적인 운동이다. 그러나 모든 운동이 그렇듯 자신과의 싸움이 선행되어야 한다. 나와의 타협, 나와의 배신, 나와의 약속, 나와의 싸움이 전제된다.

규칙적인 운동은 건강한 삶과 장수의 지름길이다. 그러나 많은 사람이 운동이 왜 좋은지, 그리고 어떻게 해야 하는지는 잘 모른다. 운동은 방법이 잘못되면 오히려 건강을 해칠 수 있다.

＊＊

한국인 10명 중 5명은 '건강염려증'에 걸렸다고 한다. 사실 너무 건강을 염려해 생긴 마음의 병이지만, 이 병에 걸린 사람은 기침이나 소화불량과 같은 가벼운 증상도 심각하게 생각해 병원을 찾는다고 한다.

이 병이 심하면 스스로 위중한 병에 걸렸다고 생각해 신체망상 수준에까지 이르러 약물을 오남용하거나 정신질환까지 올 가능성도 있으며, 증세가 심해지면 쉽게 치료할 수도 없다고 한다. 특히 스트레스가 많고, 고집이 세거나 현실도피가 있는 사람이 이 병에 걸릴 확률이 높다고 한다.

이러한 건강염려증에서 벗어나기 위해서는 취미를 가져야한다. 상대성이론으로 유명한 아인슈타인은 바이올린 연주로, 발명왕 에디슨은 독서로 일에 대한 스트레스를 없애고삶의 즐거움을 찾았듯이 긍정적인 생각과 취미는 건강염려증을 예방할 뿐 아니라 우리의 삶을 윤택하게 해준다.

그렇다고 없는 시간을 억지로 쪼개어 무언가를 꼭 배울필요는 없다. 책 읽기나 영화감상, 요리 등 평소 자신이 관심 있었던 것 중 작은 것부터 도전해보는 자세와 평소 부정적으로 생각하던 습관을 바꾸는 것이 중요하다.

행복심리학자들이 제시한 행복감을 높이는 방법 중 하나는 바로 운동이다. 운동을 하면 그 전보다 몸이 가볍고 유쾌해진다. 비록 짧은 시간이라도 운동을 지속적으로 하게되면 생각이 긍정적으로 바뀌어 행복감을 느낄 수 있다.

그러나 모든 운동이 좋은 것은 아니다. 자기한테 맞는 운동을 적절히 해야 한다. 자신에게 맞지 않는 운동을 과격하게 하면 오히려 건강을 해친다.

건강을 위한 좋은 운동이란 몸의 능력을 한층 더 높이는 운동이 아니다. 혈관이나 근육의 노화를 예방해 심폐기능이나 근력을 유지하는 운동이다. 즉 지금 있는 능력을 최대한으로 살리는 운동이 건강 만들기에 적절한 운동이다.

운동을 할 때는 일상생활 속에서 비교적 자유롭고 편한 시간에 운동하는 것이 좋다. 평소에 컨디션을 조절하여 영양과 휴식을 취해야 하며, 과로나 수면 부족, 컨디션이 안 좋을 때는 무리하지 말고 운동을 쉬는 것이 좋다.

이른 아침이나 야간 운동은 너무 강하지 않게 해야 하며, 운동을 시작하기 전의 준비 운동이나 운동 후의 정리 운동은 부상 방지나 피로의 회복에 효과적이다.

성급하게 자신을 내몰지 말고 가볍게 준비운동을 하듯이 마음부터 다잡는 것이 중요하다. 매일 아침 일찍 일어나 운동하겠다는 결심을 한 뒤 자명종 시계가 울리면 즉시 일어나 운동을 시작하는 것이 중요하다.

그리고 "아침 운동을 시작했다"고 자녀들이나 동료들에게 소문을 내야 한다. 혼자 한 약속은 깨지기 쉽기 때문에, 내가 무엇을 하는지 많은 사람들이 알고 나면 체면 때문에라도 행동하게 된다. 켄 블랜차드는 "말하지 않은 좋은 생각은 좋은 생각이 아니다"고 했다.

운동은 영원한 젊음의 근원이다. 때문에 가능하면 운동할 수 있는 시간을 만들어야 한다. 그렇다고 무리한 운동은 금물이다. 다음날 일상에 피해가 온다거나 자신의 신체 한계치를 시험하는 무리한 운동은 악영향을 준다.

무리한 운동은 건강을 다지기 보다는 오히려 자신의 몸을(건강) 해치는 것이며 망가뜨린다. 과로하면 몸 안의 피로 물질들이 쌓이며, 그것이 독소가 되어 여러 장기에 영향을 준다. 과로사의 원인이 되는 뇌출혈, 뇌일혈, 고혈압, 심장 발작 및 쇼크를 일으키기도 한다. 과로했으면 충분한 휴식과 수면 및 영양을 충분히 해주고 공급해줘야 한다.

내 경험으로 말하면 운동은 자신의 체력에 맞게 매일하는 것보다는 하루 정도는 쉬는 것이 중요하다. 하지만 그게 힘들다면 최소 일주일에 3~4회 운동이 필요하다. 주일이나 주말에 집중적으로 실시하는 것보다는 주중에서 운동하는 것이 효과적이다.

운동을 안 하던 사람이 갑자기 운동을 할 경우에는 자칫 심장마비 같은 위험을 초래할 수 있다. 체력에 자신이 없는 사람이나 운동을 전혀 안했던 사람이라면 서서히 강도를 높일 필요가 있다. 그런 뒤 보통 일주일에 3일 이상의 빈도로 운동하는 것이 바람직하다.

운동의 기본은 유산소 운동이다. 이 운동은 체내에 산소를 많이 공급해 세포를 활성화하고 신진대사를 높여준다. 유산소 운동의 대표적인 것이 '걷기'이다. 걷기와 같은 전신 지구력 운동으로 올바른 자세를 유지하고, 부상을 방지하는 근력 운동으로 몸놀림을 부드럽게 하는 가벼운 체조도 필요하다.

운동을 매일하는 것이 좋지 않은가 하고 반문할 것이다. 그러나 피로도 생각해야 한다. 이론적으로는 매일 운동을 할 때 가장 효과가 커야 하겠지만, 강한 운동을 매일하면 피로가 축적될 뿐만 아니라 활성산소가 과량 증가되기 때문에 최소한 일주일에 하루는 쉬는 것이 건강에 좋다.

운동 후의 휴식은 사람의 몸과 마음을 건강하게 해주는 천연의 보약이다. 얼마나 행했느냐 하는 양의 문제가 아니라 질의 문제이다. 죽는 날까지 지속할 수 있는 운동기술을 연마하는 것이 중요하다.

헬스클럽이나 등산도 좋지만 맨손체조나 스트레칭, 걷기 운동 등을 꾸준히 하는 것이 중요하다. 하루 1시간 정도 걷는 것(1주 2000㎉ 소비)만으로도 수명이 2년 늘어난다는 보고서도 있다.

운동은 자기관리이다. 자신의 기초 체력 관리와 함께 유연성과 정신력도 관리해야 한다. 즉 몸과 마음(육체와 정신)을 모두 관리해야 한다.

운동은 하나의 열정적인 라이프스타일이다. 운동을 통해서 기쁨을 발견하고, 삶의 균형을 잡고, 조화로울 수 있다면 인생은 더 평온하고 행복한 기운으로 가득 찬다. 힘든 단련과 노력, 인내와 희생을 통해서 진정한 행복을 공유한다는 것을 깨닫는 것 또한 운동의 중요한 의미이다.

＊＊＊

요즘 웰빙 바람의 영향 때문인지 많은 사람들이 건강에 대한 관심이 높다. 그래서인지 내 주변에서도 운동을 계획하는 사람이 많다. 그런데 지나치게 복잡한 생각으로 실천을 미루고 있는 것이 안타깝다.

운동을 하려는데 농구화가 좋을까, 워킹화가 좋을까? 등산을 하면 좋을까? 달리기가 더 낫지 않을까?를 두고 고민하는 친구들을 보았다. 결국 지나친 계획 때문에 한 걸음도 나가지 못하고 있는 것이다.

"운동하면 건강에 좋다"라는 말은 맞는 말이면서도 틀린 말이다. 몸에 장애가 해결된 상태에서는 맞는 말이지만, 몸에 장애를 가지고 있다면 무리한 운동은 건강을 해친다.

장애를 해결하는 첫 번째 방법은 먼저 자신의 몸 상태를 바르게 아는 것이지만, 더 중요한 것은 자신의 생각이 바뀌어야 한다는 것이다. 기존에 자신이 가지고 있는 고정관념이 바뀌지 않는다면 행동에 변화가 없다.

맥아더는 "인간은 세월과 더불어 늙는 것이 아니다. 인간은 이상理想을 잃을 때 늙는다. 세월이 흐름에 따라 피부에는 주름살이 늘게 될 것이다. 그러나 이 세상일에 흥미를 잃지 않으면 마음에 주름살이 생기지 않는다"고 했다.

진정으로 건강이 걱정된다면 평소 신던 운동화를 신고 동네를 한 바퀴 산책하라고 권하고 싶다. 그렇게 시작하다 보면 내게 맞는 운동을 찾게 되고, 거기에 맞는 신발도 찾게 될 것이다. 계획은 실천하면서 수정하면 되는 것이다.

어린 시절의 나는 운동을 그다지 좋아하지 않았다. 몸이 허약했던 관계로 과격한 운동이나 육체적으로 체력을 많이 소모하는 운동은 피했다. 그러나 허약한 몸을 단련시키기 위해 운동을 시작하면서 덤으로 내성적인 성격이 적극적으로 바뀌어 갔으며, 내 안에서 잠자던 사교성과 사회성을 깨우고 좋은 인간관계를 배워나갔다.

나의 운동법은 스트레칭과 요가, 산책 등 주로 가벼운 운동법이다. 나는 특별히 좋아하는 운동이 없어 아침에 눈을 뜨면 가벼운 요가로 운동을 대신하고, 퇴근 후에는 시간이 나는 대로 산책을 한다. 의사의 조언에 따라 진행되거나 체계적으로 이뤄지는 것이 아니라 평상시 내가 생활하는 규칙적인 생활 습관이다.

그런데 요즘 전 세계적으로 주목받고 있는 건강법이 바로 요가와 스트레칭이다. 이 두 가지만 꾸준히 해도 질병을 예방할 수 있다고 한다. 별다른 도구 없이 손쉽게 할 수 있고, 몸의 피로는 물론 정신까지 맑게 해주는 것이 큰 장점이다.

우리 몸이 원하는 것은 정상적인 기능을 할 수 있도록 하는 것이다. 몸의 모든 기능이 정상이 되도록 하는 것이 가장 중요하며, 그리고 운동으로 단련하는 것이 순서이다.

'건강 해독법'은 내가 평소에 실천하는 운동법이다. 육체적인 운동이 아니라 주로 정신적인 건강법으로 많은 시간을 투자하지 않고도 자신의 건강을 지킬 수 있는 방법이다. 이 건강 해독법은 내 생활의 일부이기도 하다.

【 건강 해독법 】

1. 미움의 감정을 지우는 산책을 하자

이른 아침이나 퇴근 후 그리고 시간의 여유가 생기면 산책을 하라거 권하고 싶다. 그리고 자신 안에 있는 미움의 감정을 다 비워내야 한다. 나는 산책을 하면서 주위에 있는 나무나 풀 등과 대화를 하면서 이 미움들을 털어낸다. 속으로 대화하는 것이 아니라 사람들과 대화하는 것처럼 큰 소리로 말하거나 속삭이는 말로 대화한다. 울화를 마음속에 담아두면 병이 되기 때문에 자연과의 대화를 통해 미움들을 다 털어내고, 그 자리에 자연의 소리를 담아온다.

2. 항상 감사함을 외치자

자기의 분수에 감사하며 만족할 줄 아는 사람이 인생의 행복자이다. 항상 긍정적인 생각을 하고 매사에 감사하는 마음을 가지고 살아야 한다. 자신이 현재 가진 것만으로 행복하지 않다면, 더 많이 갖는다고 해도 결국 행복해지지 못한다. 항상 감사하는 마음, 평화로운 마음, 즐거운 마음으로 살아가면서 행복한 가정이 있음을 감사하고, 건강한 가족이 있음을 감사하면서 긍정적으로 살아가야 한다.

3. 매일매일 칭찬을 하자

칭찬은 인간의 삶에 원동력을 준다. 자신을 칭찬함은 물론 남을 칭찬하게 되면 어떤 일을 할 수 있는 힘을 주고, 동기 부여와 함께 용기를 준다. 이처럼 칭찬에는 사람을 변화시키는 능력이 있다. 인간의 생각으로는 불가능한 것을 가능하게 하고, 칭찬하는 사람이나 듣는 사람을 긍정적으로 변화시키는 힘을 가지고 있다. 매일 칭찬을 하게 되면 자신의 기분까지 좋아져 건강에 좋은 영향을 미친다.

4. 무조건 웃자

"웃으면 복이 온다"는 말은 그냥 생긴 말이 아니다. 웃다 보면 즐거워지고, 즐거워지면 일이 잘 풀린다. 그리고 자신도 모르게 긍정적으로 바뀌게 된다. 자꾸 웃게 되면 웃을 일이 생겨난다. 이 세상에서 가장 아름다운 꽃은 웃음으로, 웃음은 영혼을 살찌우는 영양제이다. 웃음은 세상을 따뜻하게 해주면서 사랑을 심는다. 가정에서 행복을 꽃피게 하고, 직장에서 호의를 베풀게 하며, 친구 사이에는 우정의 징표가 된다. 지친 사람에게는 안식이며, 낙담한 사람에게는 격려이며, 슬픈 사람에게는 희망의 빛이다. 세상 어려움을 풀어주는 자연의 묘약이다.

5. 행복함을 기억하자

세상을 살다보면 기쁨이 넘치거나 즐거운 때도 있고, 슬프고 괴로울 때도 있다. 이것이 바로 우리의 인생이다. 행복한 추억은 하루가 행복한 이유를 생각하게 해주고, 현재의 삶에 힘들거나 지쳤을 때 살아갈 원동력이 되어 준다. 힘들 때 안 좋은 것들을 생각하면 마음마저 가라앉아 침울해진다. 따라서 살아가면서 후회거리보다는 추억거리를 더 많이 만들어야 한다. 그리고 좋은 일만 떠올리면서 살아야 한다.

6. 일찍 자고 아침시간을 소중히 하자

아침 일찍 활동하는 사람이 사회생활에서 전진적이고도 성공적인 삶을 살아가는 확률이 높다고 한다. 신진대사 등은 새벽에 잘되기 때문에 하루를 활기차게 보낼 수 있다는 것이다. 우리 몸은 각자 깨어나는 시간이 다른데, 두뇌를 가장 활발하게 그리고 효과적으로 활용할 수 있는 시간이 아침 시간이라고 한다. 『아침형 인간』을 쓴 사이쇼 히로시는, 아침형 인간이 되려면 밤 1시 이전에 잠들고 새벽 5시 이전에 일어나라고 말한다. 잠이 부족하면 몸 안에 여러 가지 노폐물이 쌓여 만성피로에 시달리게 되며, 뇌의 활동이 둔해지고 집중력과 사고력 기억력도 떨어져 학습 효과도 떨어진다.

02 좋았던 일을 떠올려보자

아름다운 추억은 매우 귀중한 것이다.
그러나 불미스러운 추억은 백해무익한 것이다.
−알렉산더 고데

*

우리는 누구나 추억을 가지고 산다. 유아기를 거쳐 어린 시절 잊지 못할 동화 같은 동심의 추억, 수많은 꿈을 변화시키는 사춘기 반항의 추억, 가슴앓이에 밤잠 설치며 애틋한 사랑을 그리던 소년기의 추억, 사회에 적응하며 수많은 꿈을 꿨던 청년기의 추억, 성공을 위한 열정을 불태우면서 노후를 준비하는 추억의 장년기, 아름다운 삶을 정리하면서 추억을 먹고 사는 노년기에 이르기까지, 그 순간순간마다 살아온 생애에 잊지 못할 소중한 추억들을 가지고 있다.

이처럼 추억이란 가슴에 묻어둔 채 때로 가끔씩 꺼내보는 삶의 소중한 한 부분이다. 살아가면서 평생 곱씹으며 영원히 간직하고픈 것이 추억으로, 세월이 흐를수록 더욱 선명해지고 더욱 애틋해져 때로는 기쁨을 주고, 때로는 쓸쓸함을 주기도 한다.

추억은 다시 돌아갈 수 없는 한때의 시간이라는 것을, 그리운 사람들이라는 것을 더욱 알게 해주기에 사람도 옛사람이 그리워지고, 사랑도 옛사랑이 그리워진다.

어느 시인은 "추억이란 말에는 가을 청무밭 지나, 상수리밭 바스락거리는 소리 지나서 낙엽 마르는 냄새가 나고, 오소소 흔들리는 억새풀 얘기가 들리며, 열 손가락 찡한 이슬이 묻어 있다"고 했다. 그러나 우리 가슴에 새겨진 추억들이 있기에 삶이 아름답고 나를 지탱하는 밑거름이 된다.

그 추억들 속에는 햇빛에 반짝이는 샛강의 은물결처럼 행복한 추억이 살아있다. 이처럼 행복한 추억은 하루가 행복한 이유를 생각하게 해주고, 현재의 삶에 힘들거나 지쳤을 때 살아갈 원동력이 되어 준다. 그래서 추억은 잊으려 해도 잊을 수 없어 평생 동안 꺼내보고 또 꺼내보는 마음속의 일기장이 되어 언제나 아련한 기억들을 떠오르게 만든다.

하지만 추억은 늘 즐겁고 행복한 일만 있는 것은 아니다.

안 좋은 추억은 떠올리기 싫은 아픈 기억으로 남아 다시는 기억하고 싶지 않은 불행한 추억이 되기도 한다.

마르셀 프루스트는 "추억은 창의성이 없다. 우리가 이미 가지고 있는 것 이외의 것은 바랄 수도 없고, 그보다 나은 일도 전혀 기대할 수 없다. 추억은 잔인한 것이다. 추억이란 희망의 길에서 발에 걸리는 돌멩이"라고 했다. 그러나 가슴이 미어지는 아픈 기억은 자신의 마음을 더 강해지게 하거나 독하게 만드는 계기가 된다.

＊＊

세상을 살다보면 기쁨과 분노, 사랑, 증오, 질투, 즐거움 등 이러한 것의 반복적인 감정의 기복들이 우리의 일상생활을 살아가게끔 만들며, 이것이 바로 우리의 인생이다.

그렇다면 내 인생은 어떠했을까를 한 번 생각해 보라? 과거를 살펴보면 내 모든 추억들이 굴레 속에서 벗어나 해석하기는 불가능하다. 그렇다고 이것이 인생이라는 물음에 해답이 된다고는 말할 수 없다. 말 그대로 인생에 포함된 구성요소들 쯤으로 포함되는 것이다.

괴테는 "구름 속을 아무리 보아도 거기에는 인생이 없다. 반듯하게 서서 자기 주위를 보라! 자가기 인정한 것을 우리는 붙들 수가 있다. 나의 길을 가는 데에 인생이 있다. 그렇게 앞으로 나아가는 동안에는 고통도 있으리라. 행복도 있으리라. 어떠한 경우에도 인생에 완전한 만족이란 없는 것이다. 자기가 인정한 것을 힘차게 찾아 헤매는 하루하루가 인생인 것이다"고 했다.

인생은 과거로 가는 것도 아니며 어제에 머무르지도 않는다. 또한 추억이란 세월과 함께 멀어져가는 것이 아니다. 우리가 살아가면서 만나는 숱한 사연들을 계기로 다시 되살아나는 것이다. 또한 경제나 삶의 질이나 현명함만으로 설명되는 게 아니라 그보다 훨씬 더 복잡하게 얽혀져 있다.

인생은 풀과 같은 것이다. 들에 핀 꽃처럼 한 번 피었다가도 스치는 바람결에도 이내 사라져 그 있던 자리조차 알 수 없는 것이다.

우리는 두 번 다시 똑같은 강물 속에 서 있을 수 없다는 말이 있다. 물이 흘러가고 있기 때문이다. 시간도 그런 것이다. 우리는 같은 현실 속에 머물러 있을 수 없다. 추억은 식물과 같기에 싱싱할 때 심지 않으면 뿌리를 내릴 수 없다. 사람도 젊은 시절에 아름답고 행복한 일들을 남겨놓지 않으면 나이 들어 꺼내 볼 추억이 없다.

추억이란 물속에서 건져낸 돌과 같은 것인지도 모른다.

물속에서 갖가지 빛깔로 아름답던 것들도 물에서 건져내면 평범한 무늬와 결을 내보이며 삭막하게 말라가는 하나의 돌일 뿐이다. 우리 삶이 마지막에는 무덤 속의 흰 뼈로 남 듯 돌에게 찬란한 무늬를 입히는 것은 물과 시간의 흐름일 뿐이라는 것을 안다.

그래서 나이를 거듭할수록 우연이 인연으로 바뀐다고 말한다. 그러나 우연이라고 생각했던 사소한 일들도 결코 우연한 조우가 아니라 인연의 끈을 따라 어김없이 만나는 필연임을 깨달아야 한다.

* * *

모든 사람들이 다 그렇듯 나 또한 결혼해서 독립하기 전까지는 부모님과 함께 했던 추억들을 소중하게 간직해오고 있다. 이 추억들 속에는 충고와 꾸지람도 있었고, 따뜻함이나 강한 힘도 있었으며, 부모님이 소중하게 여겼던 명예와 사랑이 있다. 그리고 결혼을 해서는 아내를 비롯한 가족들과의 많은 추억이 살고 있다. 어디 이 뿐이겠는가. 사회생활을 하면서 만난 많은 사람들에 대한 추억도 가지고 있다.

프랑스 속담에 "젊은이는 희망에 살고 노인은 추억에 산다"는 말이 있다. 맞는 말이다. 그래서 오래된 필름 속에 깜짝 선물 같은 시간들이 살아서 돌아올 때가 있다. 까맣게 잊었던 순간들, 그 순간의 나의 모습, 나의 생각, 나의 마음이 되살아날 때면 행복한 미소를 짓곤 한다.

추억은 암실 속의 볼록렌즈와도 같은 역할을 한다. 추억은 모든 것을 압축하고, 그 압축으로 인해서 실제보다 훨씬 더 아름다운 상을 만들어내기 때문이다.

우리는 한평생을 살아가는 데는 항상 기쁘고 즐거운 일만 있는 것은 아니다. 슬프고 괴로운 일이 무시로 우리 앞에 놓인다. 그러나 고생했던 추억도 세월이 흐르고 나면 모두 아름답다. 추억은 일종의 만남이기에 살아가면서 후회거리보다는 추억거리를 더 많이 만들어야 한다.

어떤 사람은 과거의 추억을 되살려서 자신을 학대하거나 상처를 입힌다. 그러나 추억이 가진 수많은 조각들 중에서 우리가 보는 선물은 시간이 지날수록 그 빛을 잃어가지만, 추억이 간직하고 있는 마음의 선물은 두고두고 쌓여간다.

노먼 빈센트 필은『적극적 사고방식』에서 이렇게 말했다.

"하루 중 틈틈이 평화로운 생각들을 마음속에 그려라. 당신이 언젠가 본 일이 있는 평화로운 정경이 담긴 추억의 그림, 석양이 기울어 황혼의 그림자가 점차 주위에 깔리기 시작하는, 정적으로 가득 찬 아름다운 골짜기의 그림이 마

음속을 흐르게 하라. 혹은 잔물결 치는 물 위에 내리쏟아
지는 은색의 달빛이라든가, 부드러운 모래펄에 찰싹찰싹
물결쳐 오는 바닷가의 경치를 회상하라. 이와 같은 평화롭
고 아름다운 광경의 추억은 당신의 마음에 치료약으로 작
용한다."

그러나 많은 추억을 갖는 것만으로는 불충분하다. 그 추
억이 다시 올 때까지 기다리는 커다란 인내심이 필요하다.
그 추억이 우리의 피가 되고 눈이 되고 몸짓이 되며, 이름도
없는 것이 되어 어느 한 순간, 아주 우연한 순간 추억의 한
가운데서 자신의 삶을 발견하게 된다.

사람은 과거에 대한 추억의 꿈과 미래를 향한 열렬한 꿈
을 가져야 한다. 오늘이 지나면 내일의 태양이 다시 떠오르
듯 낯선 또 하나의 추억이 온다. 인간은 이렇게 탄생해서 죽
음에 이르기까지 추억 속에서 한 생을 살고 갈 뿐이다.

인생은 돌아오기 위해 떠나는 여행과 같다. 자기 마음의
감옥으로부터 탈출하여 익숙한 곳에서 낯선 곳으로, 늘 걸
어본 땅에서 한 번도 밟아보지 못한 땅으로 떠나는 것이다.
그리고는 새로운 사람, 새로운 생각, 새로운 장소에서 마음
의 자유를 얻어 미움과 다툼과 상처를 털어내고 본래 있던
자리로 돌아오는 것이다.

03 사람들과 행복한 대화를 나누자

대화는 사상의 배출구일 뿐 아니라
성품의 출구이다.
―에머슨

*

"대화가 너무나 그립소. 대화가 하고 싶어 미치겠소. 사람
이 이렇게 대화에 굶주릴 수 있다는 것을 예전에는 정말 알
지 못했소. 이곳에서 보낸 시간도 이롭기는 했소. 책도 많
이 읽고, 생각도 많이 하고, 태도도 많이 침착해진 덕분에
힘이 넘쳐나는 것을 느끼오. 그러나 문명과 품격 높은 대화
가 너무나 그립소"라고 버트런드 러셀은 말했다.

뚜웨이밍은 『문명들의 대화』에서 "대화란 상대방의 가치
를 이해하고 이를 함께 누림으로써 상호 이해와 공동 창조

의 새로운 삶의 의미를 구성하는 것이다. 만일 타자他者가 추구하는 의식 세계를 억압하고 경청과 학습의 필요성을 강요한다면 대화는 곤경에 빠지고 말 것"이라고 했다.

대화란 남을 이해하고 자신의 시야를 확대하는 것이라 할 수 있다. 이것이 바로 대화의 목적이다. 즉 스스로 '배우는 마음(學心)'을 갖는 것이다. 순자의 말처럼, "공정한 마음으로 변별하고, 어진 마음으로 들으면" 뭔가 배우려는 마음 자세로 자신의 지식과 지혜를 발전시켜야 한다.

즐거운 대화는 일상에 활력을 불어 넣고 사업을 성공으로 이끌며, 신실한 우정과 화목한 가정을 약속한다. 많은 이들이 대화를 통해서 상대방의 인격, 성정, 사고의 깊이와 너비를 가늠한다. 말은 마음의 옷과 같기 때문이다. 즐거운 대화를 위해선 나름의 에티켓을 지켜야 하며 대화의 규칙을 지켜야 한다.

＊＊

세 치 혀에서 나온 말이 남을 해치는 독이 될 수도 있고 갈등을 치유하는 약이 될 수도 있다고 했다. 이처럼 무심코 내뱉은 사소한 말 한마디가 자신의 일과 사랑의 성공을 좌우할 수도 있다. 업무에 지장을 주고, 인간관계를 악화시키는 잘못된 대화 습관은 고쳐야 한다.

모든 대화는 듣는 것으로부터 시작된다. 대화를 나눌 때 오감五感을 집중하여 귀를 기울여야 한다. 그 사람의 이야기뿐 아니라 목소리나 표정을 통해 느낄 수 있는 모든 것에 귀를 기울이면서 적절한 반응을 보내야 한다. 그래야만 그가 진정으로 하고 싶은 이야기가 무엇인지 알 수 있다. 이것으로 대화가 시작된 것이다.

마음을 터놓고 대화하기 위해서는 서로의 감정부터 파악해야 하며, 감정적으로 판단하지 말고 있는 그대로 받아들여야 한다. 상대가 하는 말을 있는 그대로 받아들이면 서로 가까워지지만 판단하게 되면 서로 멀어진다. 대화는 상대방을 전적으로 받아들이는 일이다. 그리고 상대에게 보조를 맞추어 천천히 대화해야 한다.

이처럼 즐거운 대화에는 일정한 규칙이 있고 시간을 필요로 한다. 상대방의 말을 가로막거나 혼자서 대화를 독점해서는 안 되며, 의견을 제시할 때는 반론 기회를 주고 임의로 화제를 바꾸어서는 안 된다.

직장생활에서도 마찬가지다. 상사와 부하 사이에 오가는 말이 조직 전체의 문화를 좌우하고, 동료 간에 주고받는 대화가 서로의 관계를 바꾸기도 한다.

커뮤니케이션 이론이 넘쳐나게 많지만, 사실 대화의 기술만큼 중요한 건 없다. 그 중에서도 서로를 기분 좋게 만드는 '윈윈 대화법'을 체득하는 것이 가장 좋다. 이는 모든 현상을 긍정적으로 받아들이고 낙관적으로 헤쳐 나가는 '플러스 발상법'과도 맞닿아 있다.

호기심이 많아서 좀 더 알고 싶은 일에 대해서는 '왜?'라는 질문을 던져서 상대의 이야기를 들어줌으로 관심을 나타내고, 상대의 말에 공감을 표시하면 상대는 마음을 열고 솔직하게 하고 싶은 말을 한다.

특히 말할 때는 자신만의 가장 편안한 스타일로 말을 하되 자신에 대해서 너무 말해서는 안 된다. 그리고 대화중의 자연스러운 유머는 대화의 성패를 결정할 만큼 아주 중요한 역할을 한다.

이처럼 폭넓은 시야의 대화는 사고의 폭을 넓혀주어 대화 내용을 더욱 풍부하게 해준다. 자신이 열정적인 일을 찾아 그런 열정을 대화 속에 풀어 놓는다면, 그 열정은 상대방에게 효과적으로 전달된다.

* * *

모든 인간관계는 협상이다. 부모와도 협상이고, 친구와

도 협상이고, 선생님과도 협상하고, 직장 동료 및 거래처 사람들과도 협상하며, 배우자와도 매일 협상할 뿐만 아니라 자녀와도 협상을 잘해야 행복한 생활을 할 수 있다.

즐거운 대화를 나누기 위해서는 말하는 법을 배워야 한다. 말이란 의사소통을 위해 하는 것만은 아니다. 자기가 자신과도 대화할 수 있어야 하며, 상대의 말을 경청하는 것도 대화의 방법으로, 해야 할 말과 해서는 안 될 말을 가려서 할 줄 아는 대화의 기술을 배워야 한다.

말을 한다고 해서 그 말이 모두 대화가 되는 것은 아니다. 잘못된 말은 자신의 입에서 나오는 대로 공해가 된다. 상대방을 즐겁고 기쁘게 해주는 말, 힘이 생기도록 하는 것이 말 잘하는 법이다.

오늘날 인간관계에서 문제가 되는 것은 '대화의 빈곤'이기도 하지만, 더 큰 문제는 '바르지 못한 대화'이다.

이러한 말로는 '격렬한 화약 같은 말' 의심이나 혼동, 추측, 경멸, 무관심, 냉정함을 상대방에게 전하는 침묵, 상대를 실망시키는 말, 자신의 생각을 말하면서도 남의 이야기인 것처럼 남을 끌어들여 말하는 빗대어 하는 말, 불편한 말을 들었다고 대뜸 맞대응해서 짜증 섞인 말인 방어적인 말, 큰 소리, 화난 소리, 격렬한 소리, 극적인 소리로 말하는 감정 섞인 말은 삼가야 한다.

그 외에도 이중적 의미를 지닌 말이나 미덥지 못한 눈빛, 상대의 말을 가로채는 말, 분별없는 말, 비판의 말, 빈정거리는 말, 모욕적인 말, 상대의 인격을 모독하는 말이나 태도 등은 피해야 한다.

이러한 대화는 우리가 피해야 할 바르지 못한 대화로 곧 즐거운 대화라고 할 수 없다. 사랑이 있는 곳에는 반드시 의사소통이 열려 있고, 사랑이 식어진 곳에는 반드시 의사소통이 막혀 있다.

04 화초를 기르는 등 취미생활을 하자

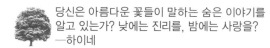

당신은 아름다운 꽃들이 말하는 숨은 이야기를
알고 있는가? 낮에는 진리를, 밤에는 사랑을?
—하이네

＊

취미 생활은 외부의 다양한 사람들과 인간관계를 확대
하는 가장 좋은 방법이다. 취미 생활을 통해 형성된 인간관
계는 업무상 관계보다 더 튼튼하고 깊다. 때문에 은퇴 전에
취미 생활을 개발해두면 좋다. 하지만 막상 취미 생활을 하
려고 하면 뭘 해야 될지 모르는 사람이 많다.

이럴 경우 바빠서 중단했거나 자신이 흥미를 가졌던 일을
정리해보면 자신의 취미거리를 발견할 수 있다. 새로운 취미
를 혼자서 즐기는 방법도 있지만 동호회나 타인의 지도를

받으면서 기본을 익혀 실력을 쌓아가는 방법도 있다. 더 많은 것을 알게 되면 그에 대한 흥미를 갖게 되고 즐거움도 배가 된다.

건강한 삶을 누리기 위해서는 하고 있는 일을 즐길 줄 알고 매사에 긍정적이고 낙관적인 사고를 가져야 한다. 부정적인 사고의 수동적인 일은 정신 건강에도 좋지가 않다.

현대와 같은 정보화 시대로 치닫는 세상에서 우리는 많은 일들과 사람들과의 접촉이 많다 보니, 아침에 회사 출근의 시작부터 퇴근까지 스트레스에 노출되어 있는 삶 속에 살고 있다. 이러한 스트레스는 신체적·정신적으로 좋지 않은 영향을 끼치기 때문에 가능한 빨리 그 스트레스를 풀어주는 것이 좋다. 스트레스를 빨리 해소하되 스트레스 자체를 즐길 줄도 알아야 하는 것이다.

육체적인 근로자의 경우에는 오랫동안 할 수 있는 취미생활이 좋다고 한다. 정신적인 안정감과 피로를 풀어줄 수 있는 음악이나 영화감상 그리고 가벼운 산책이나 독서 정도가 적당하다는 것이다. 반면에 대인 관계를 많이 하는 사람과 사무직, 전문직, 기타의 경우엔 취미생활과 함께 육체적인 운동이 좋다고 한다. 하지만 무리하면 안 좋다.

건강한 삶을 누리기 위해서는 하고 있는 일을 즐길 줄 알고, 매사에 긍정적이고 낙관적인 사고를 해야 한다. 부정적인 사고는 인체의 호르몬과 대사에도 좋지 않은 영향을 미치며, 억지로 하는 수동적인 일은 정신건강에도 좋지 않다. 즐거운 마음가짐은 좋은 호르몬을 분비하게 하여 신체와 정신건강에도 좋은 영향을 가져다준다.

각자 나름대로 만족스럽게 놀 수 있는 방법을 익혀두어야 한다. 노인이 아니라도 놀이문화는 여가 선용을 위해서 필수적이지만, 노후에는 그 여가시간이 더 늘어나기 때문에 취미 생활은 필수적이다.

마음 맞는 친구가 많을수록 좋고, 동호회나 모임에 가입이 되어 있으면 더욱 좋다. 특히 두뇌건강을 위해서 머리를 많이 사용하는 바둑이나 장기 등의 취미활동을 하면서 두뇌를 발달시키면 장수한다는 연구 결과도 나왔다.

취미생활에 시간을 투자해야 한다. 서로 공유할 수 있는 취미를 갖게 되면 대화도 늘고 서로 간의 이해도 깊어진다. 그리고 정말로 하고 싶은 그 일을 해야 한다. 즐기면서 하는 일은 보상도 따르기 때문이다.

* *

자연은 자연을 사랑하는 자를 결코 배반하지 않는다. 또한 자연은 인생의 빚과 마찬가지로 일정한 상환 날짜를 지정함 없이 사용할 수 있도록 허락하였다. 존슨은 "자연에서 이탈하는 것은 행복에서 이탈하는 것"이라고까지 했다.

자연과의 대화는 곧 근원 세계로 나아가는 지름길이다. 화분의 식물들과 대화를 나눌 때는 "오늘 잘 지냈니?"하고 어린아이와 대화하듯 하면 된다. 물도 주고 햇볕도 쏘이면서 대화하다 보면 화분의 식물들이 예전보다 반짝이고 오랫동안 싱싱한 걸 느낄 수 있다.

산책길이나 등산길에서 만난 나무와 같은 자연을 만나거든 교감하면서 이야기를 하면, 나무도 생명인지라 인간처럼 느끼고 반응하게 된다.

엘리엇은 "동물은 위대한 벗들이다. 그들은 질문도 하지 않고 비판도 하지 않는다"고 했듯이, 고양이나 강아지처럼 반려동물들과 대화를 시도하면 그들도 마음의 문을 연다.

"누구나 미술 작품을 이해하려고 한다. 그러나 왜 새소리는 이해하려고 하지 않는가"라는 피카소의 말처럼, 새가 있다면 새들에게 모이를 주면서 눈을 맞추고 대화를 시도하다보면 자신이 동물과 대화할 수 있다는 것을 알게 된다.

그리고 동물과 식물과의 대화가 가능해지면 무생물과의 대화도 해보는 것이 좋다. 따뜻한 햇살이 내리면 햇살과 대

화하면서 태양이 가지고 있는 매일의 감정을 느끼고, 밤에
는 은은한 달과 교류하면서 달의 감정과 달의 기운을 느끼
고, 공기의 흐름을 느끼면서 바람과도 대화를 시도하면 마
음이 평온해진다.

혹은 아침에 출근하면서 주위의 나무들에게 "나무야, 지
난밤에 잘 잤니?, 춥지는 않았니?"하면서 인사를 하면 어
느새 나무도 자신에게 인사를 한다. 집에서 기르고 있는 식
물에게도 마찬가지다. 그들에게 인사를 하면 하루하루가
즐겁고 유쾌하게 생활할 수 있다.

이처럼 삶을 긍정적으로 살아가는 사람에게는 하루하루
가 매일 즐거움의 연속이다.

자연과 대화하는 사람들은 직장 생활에서도 남들이 기피
하는 부서, 남들이 꺼려하는 일들도 아무 불평 없이 처리할
뿐만 아니라 부하 직원들의 역량을 믿고 재량을 주며 자신
의 일을 철저히 완수하도록 지시한다.

＊＊＊

현대인들은 이제 더 이상 자연과 대화하지 않는다. 현대
인들의 의사소통은 오직 인간들과 기계들뿐으로 한정지어
진다. 누군가 자연과의 대화를 말한다 해도 그것은 오직

은유적인 의미일 뿐이다.

현대인의 이런 특성은 우리가 어려운 문제에 봉착했을 때, 신뢰할 수 있는 지혜를 빌릴 수 있을 법한 수많은 스승들, 또 친구들을 어느 순간에 통째로 잃어버린 것이다.

사람과 가장 가까운 친구는 사람만이 아니다. 오늘부터라도 자연과 친구가 되려고 노력해보자.

집 앞에 있는 커다란 나무 한 그루를 친한 친구로 삼아 말 못하고 혼자 힘든 일이 있을 때면 그 친구에게 가서 말해보자. 벽에 갇혀서 울지 말고, 괴로워하거나 우울해하지 말고 사람에게 위로를 찾는 것보다는 나무와 말하고 껴안는 것이 훨씬 더 마음의 평화를 찾을 수 있다.

"나무야, 너는 어쩌면 이렇게 꿋꿋하게 살아갈 수 있니?"

"나무야. 오늘도 좋은 공기와 그늘을 주어서 고마워?"

"오늘 부는 바람에 너의 춤추는 모습이 아름답구나."

나는 이와 같은 자연과의 대화를 권하고 싶다. 자연만큼 마음의 평화를 가져다주는 것을 느껴보지 못했기 때문이다. 우리 주위 곳곳에 있는 나무 한 그루, 돌 한 조각, 풀 한 포기와의 대화를 통해 많은 것을 배우기 때문이다.

세상에 몸을 내맡긴 채 우뚝 서서 '관용하고 굽힐 줄 알아라'는 나무가 하는 말을 들을 수 있고, '마음을 열어라.

경계와 담장을 허물어라. 날아올라라'는 하늘의 말을 들을 수 있으며, '다른 이들을 돌아보라. 너의 따듯함을 다른 사람들이 느끼도록 하라'는 태양이 하는 말을 들을 수 있다.

뿐만 아니라 '느긋하게 흐름에 따르라. 쉬지 말고 움직여라. 머뭇거리거나 두려워 말라'는 냇물이 하는 말을 들을 수 있고, '겸손하라. 단순하라. 작은 것들의 아름다움을 존중하라'는 작은 풀들이 하는 말들을 들을 수도 있다.

그래서 루소는 "자연은 결코 배신하지 않는다. 우리 자신을 배신하는 것은 항상 우리들"이라고 했으며, 브레이크는 "한 알의 모래에서 하나의 세계를 보고, 한 송이 들꽃에서 천국을 본다"고 했다.

05 텔레비전 시청을 반으로 줄여 여가시간으로 활용하자

 누구나 똑 같은 일을 하고 살아간다. 일하고, 먹고, 울고, 사랑하고…. 하지만 이들을 어떻게 사용하느냐에 따라 인생은 달라진다.―다이안 퍼스텐버그

＊

한국인의 평균 텔레비전 시청 시간은 하루 3시간 이상이라고 한다. 그에 반해 독서량은 한 달에 한 권도 채 안 된다. 3시간이면 하루의 1/8, 인간수명을 80세로 잡을 경우 우리 인생의 10년을 텔레비전 앞에서 보내는 셈이다.

텔레비전을 시청하지 않을 경우 매일 3시간 정도의 시간을 활용할 수 있다. 또한 그 시간에 가족과의 대화 시간은 물론 함께 즐길 수 있는 놀이시간도 많아진다.

예전에는 거실이나 안방에서 한 대의 텔레비전을 통해 온

가족이 시청했지만, 지금은 각각의 방에서 텔레비전이나 컴퓨터를 통해 시청할 수 있고, 모바일 DMB나 자동차의 네비게이션을 통해서도 시청할 수 있게 되었다. 이제는 언제 어디서나 지상파 방송 시청이 가능한 시대가 된 것이다.

미국에서는 아무 생각 없이 장시간 텔레비전을 시청하는 사람들을 바보스럽게 만든다고 해서, 텔레비전을 바보상자라고까지 불렀다. 하지만 오늘날 텔레비전이 없는 세상은 상상도 하지 못한다. 우리는 텔레비전이라는 매스미디어에 사로잡혀 살아가고 있는 것이다.

텔레비전 방송은 유익한 정보와 재미와 지식을 제공하는 현대 문명의 총아이다. 방안에서 세상 돌아가는 뉴스를 한눈에 파악할 수 있고, 드라마를 통해서 세상살이의 간접 경험을 할 수 있으며, 각 분야의 전문가들로부터 지식을 습득할 수 있다. 그러나 다른 한편으로는 텔레비전 시청이 우리 삶에 미치는 해악 또한 너무 많다.

텔레비전이 일방적으로 정보를 주고, 우리들은 가만히 앉아 무조건적으로 그 정보를 받아들인다. 때문에 아이들의 창의력 저하는 물론 의사소통 능력을 저하시킨다.

텔레비전은 시각 자극이 매우 강한 매체이기 때문에 자주 노출되면 정적인 활동을 기피하게 되며, 공부하는 습관과 책 읽는 습관 형성을 방해하는 것이다.

실제로 텔레비전을 많이 보는 학생은 읽기 능력이 떨어진다는 연구 결과도 보고되고 있다. 그러나 무엇보다도 큰 문제점은 무엇이나 그대로 흉내 내는 유아나 초등학생들이 무엇이 나쁘고 좋은지를 판단할 능력이 부족해 폭력성을 모방한다는 사실이다. 또한 운동 부족으로 인해 아동 비만을 초래하고 있고, 심한 경우에는 대인기피증을 유발하거나 사회성을 저하시키기도 한다.

텔레비전의 가장 큰 해악은 사람을 수동적으로 만든다는 사실이다. 시청자들은 텔레비전을 보는 동안 사고하고 반응할 필요가 없다. 그저 텔레비전이 쏟아내는 내용에 자신을 맡기고 도취하면 된다.

오늘날 텔레비전은 우리 생활과 뗄 수 없는 밀접한 관계가 되었다. 바보상자라며 텔레비전의 문제점을 지적하기도 하지만, DMB 등 그 수가 줄어들지 않는 것을 봐서는 어쩔 수 없는 현실인 것 같다.

그렇지만 텔레비전 시청을 줄여 생긴 시간을 생산적인 시간으로 활용해야 한다. 우리는 습관적으로 시간이 없다고 말하면서도 텔레비전 앞에서 눈을 떼지 못한다.

하지만 텔레비전 시청 시간을 줄여 만든 시간만 잘 활용해도 자기 계발은 물론 여가를 즐길 수 있는 자기만의 시간을 가질 수 있다. 일 잘하고 성공한 사람, 또 공부를 잘하는 사람들은 자투리 시간을 잘 활용한 사람들이다. 텔레비전 시청 시간을 줄이거나 아예 없애야 삶이 살아난다.

* *

호주 퀼즐렌드 대학 연구팀이 25세 이상 호주인을 대상으로 조사 자료를 분석한 결과, 텔레비전을 한 시간 시청할 때마다 수명이 22분 단축되고, 하루 평균 6시간 시청할 경우 수명이 4.8년 짧아진다는 연구 결과를 발표했다.

한때 우리나라를 비롯해 세계적으로 텔레비전 *끄기* 운동이 한창인 때가 있었다. 실제 어떤 방송국은 일반인들을 출연시켜 텔레비전 시청을 할 수 없을 때 사람들이 어떤 반응을 보이는가를 관찰하는 방송을 내보내기도 했다.

미국의 텔레비전 *끄기* 네트워크가 제공하는 'TV없는 가정 만들기' 위한 지침은 우리에게 많은 것을 시사한다.

텔레비전은 안 보이면 덜 보게 되기 때문에 눈에 안 띄는 장소인 골방으로 옮기고, 아이들 방에서 텔레비전을 없애고, 대화하기 좋은 식사시간엔 텔레비전을 *끄라*고 했다. 또한 텔레비전을 애보기용으로 사용하지 말고 집안일에 동참

시키고, 텔레비전 시청 시간을 제한함은 물론 텔레비전 시청을 벌이나 상으로 이용하지 말라고 했다. 그리고 케이블 텔레비전 가입을 끊어 그 돈으로 책을 사주고, 아이들이 심심하다고 외쳐도 못 들은 척하면 아이들은 지루한 시간을 보내기 위해 창조적인 일을 한다는 것이다.

텔레비전 시청 시간은 지금보다 훨씬 줄여야 한다. 보고 싶은 프로그램이 있을 때만 텔레비전을 보고 끝나면 바로 끄는 습관이 필요하다. 자녀들의 시청 시간은 하루 1~2시간을 넘지 않도록 하고, 가족이 함께 보는 시간을 따로 갖는 것도 좋은 방법이라고 전문가들은 말하고 있다.

텔레비전 안 보는 시간의 대안 활동으로는 가족들이 함께 할 수 있는 요리하기, 일기쓰기, 박물관 관람, 선물로 공예품 만들기, 가까운 서점가기, 수수께끼, 영화관 가기, 잡지나 신문읽기, 화초나 채소 가꾸기, 기타 악기 배우기 등등을 전문가들은 권하고 있다.

가장 건전한 취미생활 가운데 하나는 바로 '운동'이다. 갑갑한 도시생활에 짜증이 나고 삶에 무료함이 느껴진다면 가까운 곳의 문화 탐방을 다녀오는 것도 좋은 방법이다.

이처럼 텔레비전을 끄면 단절됐던 가족 간의 대화를 통한 대인관계를 넓히고 사랑이 되살아나는 것은 물론 건강까지 되살릴 수 있어 창조적인 일을 할 수 있다. 창의적인 여가활동은 정서적으로 많은 도움이 될 뿐 아니라 전문지식을 보다 쉽게 터득할 수 있는 것이다.

균형 있는 사람을 살기 위해서는 여유시간이 필요하다. 계속 바쁘게 살아가면서 시간을 뺏기게 되면 깊게 생각하지 못해 인간관계까지 파괴하게 된다.

자신이 미래에 원하는 삶을 살고자 하다면 이런 자투리 시간들을 잘 활용하고 있는지, 아니면 어떤 식으로 낭비하고 있는지를 파악해야 한다. 계획을 세워 여가시간을 활용하다 보면 생활의 충만감이 커질 뿐 아니라 삶의 밀도도 한층 탄탄해진다.

***

한국에서의 여가란, 일이 없어 남는 시간적인 틈을 의미하기도 한다. 즉 쓸데없이 낭비되는 시간쯤으로 치부해버린다. 하지만 서구에서는 교양을 쌓으면서 자기 수양에 힘쓴다는 의미가 담겨 있다.

여가사회학의 권위자인 듀마즈디어Dumazedier는 여가를 휴식, 기분 전환, 자기 계발 활동의 총칭으로 정의하였다. 영어로는 레저leisure인데, 일에서 해방되어 행하는 휴식, 기분 전환, 자기 계발의 총칭을 말한다.

그러나 최근에는 여가시간이 늘어나면서 그 개념이 바뀌고 있다. 일시적인 여가 활동에서 적극적이고 창의적이며 정신적 풍요를 중시하는 것으로 바뀐 것이다. 즉 자신의 라이프스타일에 맞게 여가를 활용하고 있는 것이다.

단순한 휴식 개념은 감소하고 자연을 찾거나 스포츠, 오락을 즐기는 것에서 능력 개발과 건강 유지, 지역봉사활동 등으로 폭을 넓혀나가고 있다. 그러나 여가 시간을 활용하는 방법을 모르면 귀중한 생애 시간을 낭비할 수밖에 없다.

아무런 목표 없이 보내는 여가 활동은 지루하다. 목표가 없을 경우 어떤 일이 지속되기는 어렵다. 그렇다고 처음부터 거창한 목표를 세울 필요는 없다. 즐겁게 할 수 있는 일부터 시작하면 된다.

과거에 하고 싶었던 일, 자신이 제일 잘할 수 있는 일부터 시작하면 된다. 한정된 소득과 인간 100세라는 시대의 시간 자원을 어떻게 효과적이고 계획적으로 관리하느냐에 따라서 인생 후반부 삶의 가치와 보람이 결정될 수 있다.

산업의 고도화, 노동 시간의 단축, 장수 혁명으로 생애 시간이 길어지고 있다. 때문에 일하는 시간보다는 여가 시간이 길어짐은 물론 은퇴 생활에도 여가는 핵심적인 시간이 되고 있다. 그 여가 시간을 어떻게 활용하느냐에 따라 은퇴 생활의 삶이 결정될 수 있는 것이다.

"땀 흘려 일한 당신 이제 여가 시간을 즐겨라"란 말처럼, 이 시간은 가장 자율성이 넘치고 역동성이 강한 생활 영역이다. 따라서 은퇴 후 여가 생활 활용은 적극적인 사고방식과 실천 계획이 필요하다. 자신의 능력, 건강, 시간, 경제력으로 어떻게 삶의 보람을 실현할지 오랜 시간을 두고 구체적인 계획을 세워야 한다.

오랫동안 회사 생활을 해온 사람들은 갑작스럽게 찾아온 자유 시간을 어떻게 활용할지 몰라 감정적피로증후군과 무기력증에 빠진다고 한다. 삶의 목적과 방향을 상실하고 매일 아무것도 하지 않기 때문이다.

회사를 떠난다는 것이 두렵고 다가올 미래의 세계가 불안하기 때문이다. 뭐든지 혼자서 생각하고 행동해야 한다는 정신적 부담감 때문에 여유 시간을 즐기는 방법을 모르고, 혹은 일하는 습관에 젖어 즐기는 죄책감이나 은퇴 후 생계를 위해 돈을 벌여야 한다는 의무감에서 해방되지 못해 좌불안석인 경우가 많다.

그래서 사람들이 시간을 죽이기 위해 텔레비전에 빠져들면서 바보상자라는 친구를 만드는 것이다. 스스로 오래 사귈수록 나쁜 게 텔레비전이다. 텔레비전을 오래 시청하면 뇌에 좋지 않다. 텔레비전은 한꺼번에 방대한 양의 정보를 줘 뇌가 그 정보를 스스로 처리할 시간적 여유가 없다.

텔레비전을 오랫동안 보게 되면 뇌가 정보를 수동적으로 받아들이게 된다. 문제는 이것이 반복되다 보면 나중에 뇌가 새로운 정보를 능동적으로 얻고 처리하는데 방해가 되는 것이다.

나는 다큐멘터리나 오락, 개그, 퀴즈 프로그램 등을 즐겨 본다. 다큐는 내가 몰랐던 세계를 알게 해주고, 개그는 웃을 수 있어 좋고, 퀴즈 프로그램은 정신적 건강에 도움이 되기 때문이다.

이처럼 무조건 텔레비전을 보지 않는 것보다는 주체적으로, 계획적으로 자신을 관리하면서 텔레비전 시청 시간을 조절하고 남은 시간을 여가 생활에 투자하고 있다.

앞으로 2~3일 동안만이라도 텔레비전을 켜지 말고 생활해보자. 처음에는 힘들겠지만, 얼마간의 시간이 지나면 전과는 다르게 머리가 맑아진 것을 느낄 수 있을 것이다.

06 매일 만나는 사람에게 미소를 짓자

 미소는 인간이 표현할 수 있는 가장
아름다운 예술이다.
―카네기

*

요즘은 기업체나 연수원, 공무원들에게 친절 교육을 많이 시킨다. 그때마다 빠뜨리지 않고 강조하는 것이 '웃음'과 '미소'다.

미소의 사전적 의미는 '소리를 내지 않고 빙긋이 웃는 웃음'을 말한다. 이러한 미소는 자신의 행복을 낳고, 하루 일과의 활력소가 되어주고, 모든 고통의 치료제가 된다. 또한 피로를 풀어주고 용기를 북돋아주며 위로가 되어준다.

그렇다. 세상에서 가장 아름다운 꽃은 미소 짓는 사람의 얼굴이라고 했다. 미소는 사람의 마음을 바꾸는 힘을 가지고 있기에 슬픈 사람에게 보내는 미소는 기쁨이 있음을 알게 하고, 두려워하는 사람에게 보내는 미소는 편안함을 준다. 이처럼 미소는 모든 사람에게 기쁨을 주고, 미소 짓는 얼굴에는 사랑과 용서, 이해와 친절이 담겨 있다.

중국 격언에 "하루에 세 번 미소 짓는 사람에게는 약이 필요 없다. 한 번씩 화를 낼 때마다 얼굴에 주름살이 하나씩 늘어나듯 미소를 한 번 지을 때마다 주름살이 하나씩 없어진다"고 했다. 또 니체는 "어린이에게 미소를 가르쳐라"고 했다. 미소 띤 얼굴은 자신 있게 보이며, 미소가 흐르는 표정은 용기 있어 보인다.

이처럼 미소는 세상을 살아가는데 가장 강렬한 영향력을 주는 유일한 것이다.

＊＊

미소는 말이 아닌 몸으로 상대에 대한 호감을 표시하는 가장 효과적인 수단이다. 남에게 소개될 때나 처음 대면했을 때는 반드시 미소를 지어 상대방을 기꺼이 받아들이고 있음을 나타내는 언어이다.

미소는 불안감을 감추는 데도 도움이 된다. 또 상대로 하여금 긍정적인 반응을 보이게 해 자신의 기분도 좋아진다. 때문에 비즈니스를 할 때는 자신의 감정을 잘 조절하면서 바른 자세에 미소를 곁들이면 더욱 효과적이다. 상대로 하여금 신뢰감을 심어줄 수 있기 때문이다.

그런데 우리 인간은 하루에 몇 번이나 미소를 지을까? 아니 몇 번이나 상대를 보고 얼굴을 찡그릴까? 우리의 얼굴 표정은 스스로 만들어 가는 자신의 거울이다. 그 거울에 비친 미소야말로 자신의 마음을 가꾸는 화장법이며 남을 위한 작은 배려라고 생각해야 한다.

마음까지 환해지는 화장법, 세상이 밝아지는 화장법은 영원히 지워지지 않는 미소이다. 미소가 아름다운 사람은 영원히 잊히지 않는다.

카네기는 크리스마스 시즌 동안 백화점 판매원들이 받을 스트레스를 고려해서 고객들에게 다음과 같은 글귀를 내걸었다고 한다.

"미소는 비용이 들지 않지만 많은 것을 만들어내고, 주는 사람을 가난하게 만들지 않으면서 받는 사람을 풍요롭게 해주며, 미소는 잠깐 동안에 일어나지만 그 기억은 영원히 남는다. 또한 미소는 가정에 행복을 주고, 사업에 좋은 인상을 주며, 친구들 사이의 우정을 확인해 준다. 지친 사람에게 쉼을 주며, 낙담한 사람에게 용기를 주고, 절망에 빠진 사람에게 희망을 주고, 고통을 잊게 해주는 자연이 베풀어주는 가장 좋은 약이다. 그런데 미소는 돈으로 살 수도 없고, 구걸할 수도 없고, 빌릴 수도 없으며, 훔칠 수도 없다. 미소는 줄 때에야 비로소 누구에게나 좋은 것이 되기 때문이다. 혹시라도 저희 판매원들이 고객님에게 미소 짓기에 너무 지쳐 있다면, 고객님께서 그들에게 먼저 미소를 지어 주시지 않겠습니까? 지을 미소가 남아 있지 않은 사람이야말로 미소가 꼭 필요한 사람이기 때문입니다."

이처럼 미소는 사람을 끌어들이는 마술이다. 상대를 받아들이는 마음으로부터의 미소는 언어가 통하지 않아도 마음을 여는 열쇠가 된다. 상대에게 사심 없는 미소를 보내는 것은 자신을 너그럽고 성격 좋은 사람으로 보이게 해 친근감을 전해준다.

미소란 '나는 당신을 좋아한다. 당신 덕분에 나는 행복하다. 당신을 만나 정말 기쁘다'라고 표현하는 무언의 신호이자 자신의 마음을 여는 것이다.

오늘 내가 누군가에게 보내는 미소는 사람의 마음을 훈훈하게 해주는 작은 사랑의 시작이라는 사실을 잊지 말고 누구에게나 미소를 지어보자. 아마도 긍정의 힘이 생겨날 것이다.

그리고 항상 자신의 삶을 향해 미소를 지어주면, 미소의 절반은 당신의 얼굴에 나타나고, 나머지 절반은 주변 사람에게 나타난다.

* * *

나는 사무실을 방문하는 손님이나 친구들과 만날 때면 환한 얼굴로 미소를 보내며 반갑게 맞이한다.

미소를 보내는 것은 방문을 환영한다는 표시이기도 하지만, 상대에게 편안한 마음을 갖도록 배려하는 것이기도 하다. 지나치게 내 얼굴 표정이 굳어 있거나 반갑다는 표정을 짓지 않을 경우 나를 찾아온 손님들이 편안한 마음으로 대화를 할 수 없기 때문이다.

그 무엇보다도 미소를 짓게 되면 나 자신이 행복해진다. 내가 행복한 마음으로 손님과 대화를 하면 내 행복 바이러스가 마주한 사람에게도 전달되기 때문이다.

이처럼 미소의 크기는 행복의 크기와도 비례한다. 미소 짓는 사람이나 받는 사람의 마음을 행복하게 해준다. 대화할 때 자주 미소를 짓고, 눈이 마주칠 때마다 살며시 웃어주면 상대방도 호의를 갖게 된다.

미소는 세상을 따뜻하게 해주면서 사랑을 심는다. 가정의 행복을 꽃피게 하고, 직장에서 호의를 베풀게 하는 것은 물론 비즈니스에 좋은 인상을 주며, 친구 사이에는 우정을 확인해 준다. 지친 사람에게는 위안과 안식을 주며, 실의에 빠진 사람에게는 격려와 용기를 주며, 슬픈 사람에게는 희망의 빛이 되어 준다.

때문에 미소는 세상 어려움을 풀어주는 자연의 묘약이기도 하다. 미소는 내가 아무 조건 없이, 대가 없이 줄 때만 그 효과를 얻을 수 있는 것이다.

애덤 스미스가 "미소 지을 수 있는 사람은 남의 마음을 끌고, 남을 유쾌하게 하고, 남을 즐겁게 할 수 있다"고 했듯이, 미소는 자신을 보여줄 수 있는 확실한 방법이다.

특히 이미지 메이킹 강의에는 '미소 짓는 법'에 대한 소개가 빠지지 않는다. 인사 담당자 86%가 "첫 인상을 채용 기준의 하나로 고려했다"는 조사 결과도 있다.

웃는 얼굴에 침 못 뱉는다는 말처럼, 면접의 긴장감 속에서 밝은 얼굴, 입가의 미소는 면접관의 마음을 흔드는 강력한 무기가 된다. 평소 자신의 웃는 얼굴이 어색하다면 거울을 보고 가장 편한 미소를 선택해 연습하는 것도 경쟁력의 하나이다.

웃음은 나를 위한 것이지만, 미소는 상대방을 위한 배려라는 말이 있다. 짧은 미소가 긴 말보다 더 아름다울 뿐 아니라 어디에서든 통할 수 있는 인류의 공통된 언어이다.

늘 밝고, 친절하고, 상냥하고, 싹싹하고, 누구에게나 "안녕하세요? 감사합니다. 미안합니다. 죄송합니다"라는 말들이 입에서 자연스럽게 나오는 사람이라면, 언제나 사람들에게 미소 띤 얼굴과 환한 웃음을 선사하는 사람이라면 그 누가 이런 사람을 좋아하지 않겠는가? 삶에 미소 지으면, 그 삶이 자신에게 미소를 지어줄 것이다.

07 친구에게 전화를 걸어 만날 약속을 하자

> 한 친구를 얻는 데는 오래 걸리지만
> 잃는 데는 잠시이다.
> ─릴리

*

인디언에게 친구란 "내 슬픔을 등에 지고 가는 자"이다. 그리고 친구는 '자유'라는 의미를 가진 말에서 유래되었다. 데비 엘리슨의 말처럼 "친구란 우리에게 쉴 만한 공간과 자유로움을 허락하는 사람이며, 릴리의 말처럼 "친구란 당신의 모든 것을 알지만 그럼에도 불구하고 당신을 좋아하는 사람을 말한다. 한 친구를 얻는 데는 오래 걸리지만 잃는 데는 잠시이다."

명심보감에서는 "얼굴 아는 이는 천하에 가득한데 마음

아는 이는 과연 몇이나 될까"라고 했다. 친구와의 만남에는 서로의 메아리를 주고받아야 하고, 친구들에게서 기대하는 것을 친구들에게 베풀어야 한다. 이런 만남을 위해서는 자기 자신을 끝없이 가꾸고 다스려야 한다.

생텍쥐페리는 "좋은 벗은 만들어지는 것이 아니다. 공통된 그 많은 추억, 함께 겪은 그 많은 괴로운 시간, 그 많은 어긋남, 화해, 마음의 격동…. 우정은 이런 것들로 이루어지는 것"이라고 했다.

좋은 소식을 제일 먼저 알리고 싶은 친구, 다른 사람에게 밝히고 싶지 않은 일도 말해주고 싶은 친구, 마음이 아플 때 의지하고 싶은 친구, 슬플 때 기대어 울 수 있는 어깨를 가진 친구, 내 실수에 용기를 주고 되풀이하지 않게 조언을 해주는 친구, 무거운 짐을 조금이라도 가볍게 해주는 친구가 참된 친구이다. 아니 언제나 그 자리에 늘 그 모습 그대로 서 있는 이가 진정한 친구이다.

이런 친구 사이에는 아무런 대가도 계산도 필요하지 않다. 생각의 깊이와 마음의 넓이가 같아 대화가 잘 통해 이해를 잘 해주고, 멀리 있어도 마음으로 의지하고 그리워하는 것만으로도 인생의 동반자가 될 수 있다.

친구가 마음을 담아 걱정해주는 따뜻한 말 한마디가 얼

어붙은 가슴을 녹이고, 언제나 따뜻한 마음 한 줄기가 고요하게 가슴으로 흐르는 친구가 영원히 변치 않는 우정의 친구이다.

＊＊

에머슨은 "친구를 얻는 유일한 방법은 스스로 완전한 친구가 되는 것"이라고 했고, 솔로몬은 "궁핍과 곤란에 처한 때야말로 친구를 시험하기 가장 좋은 기회이다. 어떠한 때에도 곁에 있어 주는 것이 참된 친구"라고 했다.

또한 워싱턴은 "우정이란 성장이 더딘 식물이다. 그것이 우정이라고 불릴만한 가치가 있게 되기까지 그것은 몇 번이고 어려운 충격을 받고 또 그것에 견디어 내지 않으면 안 된다"라고 했다. 아니 메난드로스는 "그 사람을 모르거든 그 벗을 보라"고 했다.

소포클레스는 사람들은 세 가지 부류로 나누었는데, 그 첫째로 우리를 이용하려는 사람, 즉 원수를 들었다. 그 다음으로는 우리를 이용하려는 동시에 우리에게 이용되어지려는 사람, 즉 친지親知를 들었다. 그리고 마지막으로 우리가 존경하고 또 그를 위해 힘 있는 대로 도우려고 하는 사람, 즉 친구이다"라고 했다.

딩거는 "나의 친구는 세 종류가 있다. 나를 사랑하는 사람, 나를 미워하는 사람 그리고 나에게 무관심한 사람이다. 나를 사랑하는 사람은 나에게 유순함을 가르치고, 나를 미워하는 사람은 나에게 조심성을 가르쳐준다. 그리고 나에게 무관심한 사람은 나에게 자립심을 가르쳐준다"고 했다.

인생에서 많은 친구가 필요한 것은 아니지만, 많은 친구가 있다면 그 사람은 인간관계를 잘 형성하고 있다는 증거이다. 친구로 사귀고 싶은 사람을 만났을 때 그 사람에게 무엇인가 얻으려 하지 말고, 그 사람을 조금이라도 먼저 이해하려고 생각한다면 쉽게 우정을 나누고 큰 믿음을 얻게 될 것이다.

우리가 헌신적으로 다른 사람들의 행복을 지키고 가져다 준다면, 그들도 기회가 있을 때 우리를 행복하게 하기 위해 노력할 것이다. 친구를 사귀다 보면 은연중에 친구의 모습을 닮아가는 것과 같다.

* * *

인생에 있어서 친구만큼 큰 자산은 없다. 너무 많은 부채가 있으면 기업이 망하듯, 적이 많으면 개인의 성공과 행복은 불가능하다. 삶에서 중요한 것은 자산을 늘리고 부채를 줄이는 지혜인 것처럼, 좋은 친구가 많다는 것은 성공한 사람이며 행복한 사람이라고 말할 수 있다.

나는 사업을 시작하면서 친구나 지인들로부터 많은 도움을 받았다. 어찌 보면 내가 지금의 위치에 있는 것도 다 친구들의 도움이 있었기에 가능한 일이었다. 그래서 난 지금도 끈끈한 유대 관계를 지속해오고 있으며, 항상 감사한 마음으로 살고 있다.

내 수첩에는 최소한 일주일에 서너 건은 친구와 지인들과의 점심 약속이 메모되어 있다. 점심 약속이 없는 날에는 일부러 친구들에게 전화를 걸어 안부를 묻거나 점심을 함께 하곤 한다.

뿐만이 아니라 나를 찾아온 친구나 지인들을 위해 그들이 편하게 쉴 수 있도록 사무실에 공간을 마련해두고 있다. 내가 자리에 없을 때 편하게 쉬면서 시간을 보낼 수 있도록 하기 위함이며, 많은 지인들과 친구들이 나를 방문했을 때 그들에게 쉼터를 제공하기 위함이다.

좋은 친구 만들기 위해서는 친구의 말에 귀를 기울이는 경청의 자세가 중요하다. 그리고 친구에게 악의가 아닌 선의의 마음으로 대해야 하며, 항상 친구에 대해 칭찬하고 웃는 얼굴로 맞아주어야 한다. 나는 지금까지도 이것을 매일 실천하기 위해 노력하고 있다.

이와 더불어 당당하게 자신을 내세우는 자신만만한 행동, 친구의 입장에서 생각하고, 친구의 잘못까지도 이해해 줄 수 있는 배려의 마음, 내 가장 소중한 것을 베풀 수 있는 사랑, 사소한 약속이라도 잘 지키는 믿음과 신뢰와 정직한 행동이 친구의 마음을 얻는다.

그리고 작은 것도 함께 나누며 힘이 되어 주고 모든 일을 함께 하는 더불어 생각하는 마음, 모든 일에 솔선수범하고, 결단력과 판단력을 가지는 리더십, 누구에게도 배우는 것을 주저하지 않는 배우려는 자세, 때로는 단점을 당당히 말해줄 때 호감을 주어 자연스럽게 친구가 따라온다.

반면에 사귀지 말아야 할 친구로는 의지가 약한 사람, 분별없는 사람, 근본이 굳지 못한 사람, 근원이 흐린 사람과는 사귀지 말라고 했다. 지혜롭지 못하고 말이 미덥지 못한 사람은 행동이 과감하지 못하고, 재물을 가지고도 남에게 나누어주지 못하는 사람은 벗으로 사귀기에 부족하다.

또한 사물을 널리 분별하지 못하고, 옳고 그름을 분간하지 못하는 사람과는 사귀어서는 안 된다. 그리고 삶이 맑지 않으며 행동에 믿음이 없는 사람은 경계하는 것이 좋다.

나는 가끔 이런 친구를 기대해본다. 행색이 초라한 나에게 행여 마음을 다칠까봐 조심스레 미소 지으며 팔짱을 껴주는 친구, 고독과 외로움으로 괴로워할 때 언제 어느 곳이든 술 한 잔 기울일 수 있는 친구, 성공의 행진곡을 부를 때 질투의 눈빛을 버린 채 꽃다발과 축가를 불러줄 친구, 먹고 살기 힘든 때 묵묵히 지켜주는 친구를 둔다는 것은 인생 최고의 행운이라고 생각한다.

내가 편히 여겨 기댈 수 있는 친구와 역시 나를 편히 여겨 기대어 오는 친구와 함께 나누는 우정이 중도에서 멈추지 않고 인생 끝에서 이어질 수만 있다면 그 삶은 행복한 인생이다. 그런 친구에게 전화를 걸어 만날 약속을 하자. 마음 편한 친구와 그냥 만나고, 그냥 찾아가자.

좋은 자리는 마음을 넉넉하고 편하게 만드는 힘을 가지고 있다. 친구가 술 한 잔 원할 때나 식사를 같이 하고 싶을 때, 전화 한 통화면 언제라도 달려와 유쾌하게 대화를 나누며 호탕하게 웃을 수 있는 친구가 있다면 행복한 사람이다.

추억을 많이 공유한 오래된 친구는 오래 된 술처럼 향이 진하고 맛도 깊다. 이처럼 오랜 시절부터 지금까지 유지해온 우정이라면 눈빛만 봐도 무엇을 생각하는지 짐작할 수 있다. 말이 없어도 감정을 전달할 수 있는 교감, 오래된 친구

사이에서만 느낄 수 있는 아름다운 미덕이다.

이처럼 친구란 흔하고도 귀한 존재이다. 그냥 친구는 흔하지만 좋은 친구는 아주 귀하고, 그냥 친구를 만나기는 쉽지만 좋은 친구를 만나는 건 무척 어렵다.

외로운 것과 외롭지 않은 것, 혼자라고 느끼는 것과 혼자가 아니라고 느끼는 것은 내 곁에 단 한 사람의 친구가 있는가 없는가의 차이다. 단 한 사람의 친구만으로도 외롭지 않을 수 있고, 다수의 비난도 이겨 낼 수 있다. 단 한 사람의 친구는 그 만큼 절실하고 귀한 존재다. 그 사람이 그냥 친구가 아니라 좋은 친구라면 더더욱 그렇다.

친구를 만드는 것은 어느 시기가 있는 것이 아니다. 학연이나 지연 관계가 아니라도, 업무 때문이 아니더라도 우리 주변에는 내가 친구로 사귈 수 있는 사람들이 많다.

지금이라도 누군가에게 좋은 친구이자 절실한 단 한 사람이 되기 위해 친구를 만들어 보자. 그리고 내 곁에 그런 친구가 있기를 희망해 보자. 외로운 누군가에게 좋은 친구가 되기를 소망해 보자.

08 하루에 한 번은
유쾌하게 웃자

 웃어라. 그러면 세상이 그대와 함께 웃는다.
울어라. 그러면 그대만이 울 것이다.
―샹포르

*

웃음은 삶의 예방주사다. 기분 좋게 큰소리로 웃으면 엔도르핀이 생성되어 스트레스와 긴장을 풀어줘 건강에 좋은 영향을 미친다고 한다. 그래서 의사의 아버지 히포크라테스는 "웃음이야말로 몸과 마음을 함께 치료하는 최고의 치료 수단"이라고 했다.

미국의 프리드 박사는 "하루 45분 웃으면 고혈압이나 스트레스 등 현대적인 질병치료가 가능하다"고 했으며, 독일의 미하엘 티체 정신과 전문의는 "웃음은 스트레스를 진정시키고 혈액순환을 개선하며 면역체계와 소화기관을 안정시키는 작용을 한다"고 했다.

또한 노먼 커즌스는 "환자가 10분간 통쾌하게 웃으면 두 시간 동안 고통 없이 편안한 잠을 잘 수 있다"고 했으며, 미국 굿스 홉킨스병원은 "웃음은 순환기를 깨끗이 하고 소화기관을 자극해 혈압을 내려준다"는 사실을 밝혀냈다.

이처럼 의학적인 증명이 아니더라도 자주 웃는 사람은 실제 웃지 않는 사람보다 더 오래 산다고 한다. 웃음은 억지로 웃기만 해도 90%의 효과가 있다는 연구 결과도 있다.

그래서인지 자연의학이나 대체요법으로 암을 치료하는 병원에서는 공통적으로 웃음치료요법이라는 시간이 있다. 이 웃음을 통해 암을 치료하고 있는 것이다.

나는 사람들이 하루 한 번만이라도 유쾌하게 웃었으면 좋겠다. 매일 매일의 삶에 유쾌한 웃음만 있는 것은 아니지만 억지로라도 웃어야 한다고 말하고 싶다.

이 세상에서 우리를 강하게 살도록 만드는 것은 웃음이며, 인간은 웃을 때 가장 아름답다. 웃음을 잃은 사람은 마음도 어두워 매사에 부정적인 생각을 갖는다.

때문에 웃음은 마음의 치료제일 뿐만 아니라 몸의 미용제가 되어 삶의 활력소를 불어넣어주고, 몸과 마음의 건강

뿐 아니라 삶에도 희망을 주어 생활이 즐거워진다.

＊＊

사랑과 웃음이 없는 곳에서는 즐거움이 있을 수 없다고
했다. 그래서 많은 철인들은 사랑과 웃음 속에서 살아라고
했다. 어쩌면 우리 인생이 힘들면 힘들수록 웃음은 더 필요
한 것인지도 모른다. 그래서인지 난 나이를 먹어가면서 유머
가 절실해지는 것을 느낀다.

내가 좋아하고 애정을 가지는 사람들의 공통된 특징은
그들 모두가 잘 웃는다는 사실이다. 나 또한 그들을 웃게
만들기 위해 많은 노력을 한다. 신문이나 잡지에 실린 유머
를 메모했다가 분위기 전환용으로 자주 사용한다. 그리고
크게 웃음을 터트릴 때 그들의 얼굴을 보면 행복하다.

"일소일소一笑一少 일노일노一怒一老"라고 했다. 한 번 웃으
면 한 번 젊어지고, 한 번 화를 내면 한 번 늙는다. 이처럼
웃음과 긍정이 우리에게 주는 선물은 건강한 삶이다. 웃는
사람에게는 복이 많이 온다는 '소문만복래笑門萬福來'란 말
도 있지 않은가.

카네기는 "미소는 만물의 영장인 사람만이 가지고 있는
특권적인 표현법이다. 이 귀한 하늘의 선물을 올바로 이용

하는 것이 사람이다. 문지기에도, 심부름꾼에게도, 안내양에게도, 그밖에 누구에게나 이 미소를 지음으로써 손해나는 법은 절대로 없다. 미소는 일을 유쾌하게, 교제를 명랑하게, 가정을 밝게 그리고 수명을 길게 해준다"고 했다.

그레빌은 "인간은 웃는 재주를 가지고 있는 유일한 생물"이라고 했으며, 헨리 워드 비처는 "지구상에서 웃을 수 있는 것은 사람뿐이다. 보석들은 빛에 의해서 반사된다. 그러나 다이아몬드의 반사가 눈의 반사와 미소의 반사에 어떻게 비교가 된단 말인가? 꽃들은 웃을 수가 없다. 오직 인간만이 웃을 수 있다. 웃음은 세 가지 요소인 사랑, 명랑성 그리고 기쁨에 근거한 것이다. 가정이건 대기실이건 간에 웃음은 우리의 마음을 가볍게 만드는 것이다. 웃음이 없는 얼굴은 꽃을 피우지 못하는 봉오리와 같다. 그것은 언젠가는 줄기에서 말라죽을 것이다. 웃음은 빛이요 찡그림은 암흑"이라고 했다.

도스토예프스키는 "사람의 웃는 모양을 보면 그 사람의 본성을 알 수 있다. 누군가를 파악하기 전 그 사람의 웃는 모습이 마음에 든다면 그 사람은 선량한 사람이라고 자신 있게 단언해도 되는 것"이라고 했다.

밥 호프의 말처럼 "웃음은 고통과 싸워 이기게 하는 놀

라운 힘이 되기도 하고, 웃음은 거의 참을 수 없는 슬픔을 참을 수 있는 어떤 것으로, 더 나아가 희망적인 것으로 바꾸어 줄 수 있다." 사람은 함께 웃을 때 서로 가까워지는 것이다.

이처럼 웃음 하나가 만드는 위력은 참으로 대단하다. 웃음은 상대방을 믿게 만들고, 좋아하게 만들고 이해한다는 마음을 얼굴로 표현하는 무언의 말이다.

웃는 사람은 실제적으로 웃지 않는 사람보다 더 오래 산다고 한다. 그렇기 때문에 매일 꼭 한 번이라도 웃는 습관을 가진다면 정신 건강에도 좋다.

햇볕이 누구에게나 따뜻한 빛을 주듯이, 사람이 환하게 웃는 얼굴도 햇빛과 같이 상대에게 친근감을 준다. 인생을 즐겁게 지내려면 찡그린 얼굴을 하지 말고 웃어야 한다.

이렇듯 역사의 철인들은 웃음에 대한 다양한 정의를 내렸다. 상황에 따라 얼마든지 웃음을 달리하며 자기감정을 표현하면서 웃음을 웃을 수 있다.

하지만 잔잔한 웃음보다는 몸을 흔들며 큰소리로 유쾌하게 웃는 파안대소, 박장대소를 하며 웃는 것이 건강에 좋다고 한다. 입 모양도 더 크게 벌려 웃게 되면 건강에도 좋을 뿐 아니라 혼자 웃는 것보다는 여럿이 함께 웃는 웃음이 더 효과가 크다. 그래서 유쾌한 웃음을 하루 한 번씩 웃어야 한다고 생각한다.

＊＊＊

웃음은 모든 동물 중에서 유일하게 인간만이 지을 수 있는 것으로, 인간관계를 부드럽게 해주고 신뢰할 수 있게 해주는 평화의 메시지이다.

알랭은 "아름다운 의복보다는 웃는 얼굴이 훨씬 인상적이다. 기분 나쁜 일이 있더라도 웃음으로 넘겨보라. 찡그린 얼굴을 펴기만 해도 마음은 한결 편해질 것이다. 웃는 얼굴은 좋은 화장일 뿐만 아니라 피의 순환을 좋게 하는 효과가 있다. 웃음은 인생의 약"이라고 했다.

언제나 항상 웃는 얼굴로 밝고 친절하고 상냥하게 인사를 건네면 누구나 좋아할 것이고 건강에도 좋다.

그래서인지 최근에는 웃음으로 병을 치료하는 웃음치료요법도 등장하고, 큰소리로 유쾌하게 웃을 때마다 몸 안에 암세포가 하나씩 죽고, 억지로 웃는 것만으로도 건강하게 해준다는 연구 결과도 있으며, 건강을 지키는 웃음폭소클럽 모임이 활성화되고 있다.

큰소리로 유쾌하게 웃을 때는 스트레스 호르몬이 만들어

지는 것을 억제하고, 엔도르핀 같은 진통 완화물질이 생겨나 우리 몸의 고통을 줄여준다고 한다. 이때 생겨난 엔도르핀은 진통제로 쓰이는 모르핀보다 200배나 더 효과가 있다고 한다.

또한 입을 크게 벌리고 몸까지 들썩이는 파안대소나 박장대소로 웃을 때는 80개의 얼굴 근육 가운데 15개가 움직이고, 650개의 몸 근육 가운데 231개의 근육이 움직인다고 한다.

UCLA대학교 통증치료소의 데이빗 브레슬로우 박사는 통증이 심한 사람들에게 한 시간에 두 번씩 거울을 보고 웃게 한 결과, 억지로나 가식으로 웃는 환우들까지도 90% 치료 효과를 보았다고 한다.

이처럼 돈도 들이지 않고 유쾌하게 웃는 일 하나만으로 병을 치료하고, 근육운동이 되고, 진통 완화물질인 엔도르핀이 나오고, 스트레스 호르몬도 억제할 수 있어 일석사조이다. 웃을 줄 모르는 사람은 절대 성공할 수 없다.

09 자신에게 매일 작은 선물을 하자

주는 태도는 선물 그 자체보다 더 많이 주는 자의
인격을 보여주는 것이다.
—조한 카스파 라바텔

*

세상을 살다보면 서로 기쁨을 나누며 축하해야 할 때가
종종 있다. 이럴 때 우리는 기쁨과 축하의 뜻으로 크고 작
은 선물을 나눈다.

선물은 주는 사람의 마음과 받는 사람의 마음을 하나로
연결하기에 받는 사람이나 주는 사람도 뿌듯한 소통을 맛
보게 한다. 받는 사람은 받아서 좋고, 주는 사람도 받는 사
람 못지않게 상대의 취향을 요리조리 떠올리며 적합한 선
물을 선택하기까지의 과정 또한 주는 사람이 누릴 수 있는

값진 행복인 것이다.

호주 원주민 참사람 부족에 따르면 "선물은 받는 사람이 원하는 것을 줄 때만 선물이 될 수 있고, 선물을 주는 사람이 자신이 주고 싶은 것을 준다면 선물이 아니다. 선물에는 어떤 조건이 붙어 있지 않다. 조건 없이 주는 것"이 선물이라고 했다.

또한 데이비드는 "좋은 사람을 만나는 것은 신의 선물이고, 그 관계를 지속시키지 않는 것은 신의 선물을 내팽개치는 행동"이라고 했으며, 프랭크 크레인은 "가장 큰 실수는 포기해버리는 것, 가장 어리석은 일은 남의 결점만 찾아내는 것, 가장 심각한 파산은 의욕을 상실한 텅 빈 영혼, 가장 나쁜 감정은 질투 그리고 가장 좋은 선물은 용서"라고 했다.

세상에서 가장 아름다운 선물은 마음에 쌓이는 선물이다. 비록 보이지 않고 만질 수 없는 선물이지만 가진 마음이 느낄 수 있는 믿음이다.

선물이란 그 품목이 무엇이든 주는 사람의 마음이 담겨 있어야 진정한 선물이다. 그 많은 선물들을 갖기에는 부족하고 하루하루가 힘들다고 투정하는 나이지만, 내가 열심히 살아갈 수 있는 이유는 그 어떤 값비싼 선물보다 소중한 사람들을 만날 수 있는 오늘 하루가 가장 큰 선물이다.

＊＊

세상에서 가장 소중한 선물은 과거도 미래도 아닌 바로 현재의 순간이다. 아무리 어려운 상황에 처해 있어도 현재 이 순간 옳은 것에만 집중하면 우리는 더 행복할 수 있다.

우리가 맞이하는 하루하루는 아무도 열어보지 않은 선물로, 무엇이 담겨 있는지는 알지 못하는 사랑의 선물이다.

하지만 내 마음이, 내 눈과 귀와 손끝이, 발걸음이 좋아하면 기쁨의 선물이 될 것이고, 사랑이라 느끼면 사랑이라는 이름의 선물이 될 것이다. 불평과 불만의 마음으로 열면 그것은 불평과 불만의 상자가 될 것이고, 걱정과 후회의 마음으로 열면 자신에게 힘들고 괴로운 날을 안겨준다.

그래서 사람들은 아무리 작은 선물이라도 그것을 받으면 행복감을 느낀다. 사소하게 보이는 작은 행복감이지만 이것들은 우리에게 대단히 긍정적인 영향을 미친다. 주위 사람에게 관대해져 다른 사람을 잘 도와주며 창의성도 높아지고 결정 능력도 높아진다.

하지만 고가이거나 부담스러운 선물은 오히려 역효과를 낸다. 행복감을 느끼기는커녕 오히려 부담감을 느낀다. 받는 사람이 행복감을 느낄 수 있을 때, 그리고 받는 사람이 자기를 생각해주고 있다는 느낌을 저절로 받을 수 있을 때 가장 좋은 선물이 된다.

세상 모든 일이 그렇듯이 선물도 해본 사람이 잘하는 법이다. 선물은 받은 뒤 마음이 환해지고 즐겁고 고마운 마음이 느껴진다.

선물은 마음에 흔적을 남겨 오래 기억되지만, 겸손하며 자신을 과대 포장하거나 과시하는 것을 삼가야 한다.

최고의 선물은 진실한 마음이다. 하지만 마음은 드러내 놓고 보일 수 없어 마음에 옷을 입혀 보내는 것이다. 보잘 것 없는 미나리를 꺾어 임금께 바친 헌근지성獻芹之誠이다. 떠나는 사람에게 돈이나 선물을 주는 행자유신行者有新의 미덕은 인간의 도리를 지키는 근본이다.

인정人情이란 인간이 본래 가지고 있는 감정이나 심정을 말한다. 마음속에 담긴 정을 나누어 가지는 것이 선물이다. 내용의 크고 작음 귀하고 천함을 문제삼지 않는 것은 선물 속에 담긴 마음을 무게나 가격으로 잴 수 없기 때문이다.

비키 킹의 말처럼 "항상 감사하는 마음을 가져야 한다. 당신이 현재 가진 것만으로 행복하지 않다면, 더 많이 받는다고 해도 결국 행복해지지 못한다. 작은 선물 하나라도 소중히 받아들이며, 누군가로부터 받았다는 사실을 깨닫고 감사하는 마음을 가져야 한다.

＊＊＊

세상의 많은 사람들은 자신이 누구인지, 얼마나 위대하고 거룩한 영혼을 지닌 존재인지 모르면서 살아가고 있다.

자신 안에서 희망을 발견해 자신의 미래에 희망을 살게 해야 한다. 자신의 가슴속에 희망이 있다면 오늘 그것을 타인에게 그리고 자신에게 선물해야 한다. 삶은 우리 인간에게 고귀한 선물임에도 그 선물을 인식하면서 살아가는 사람은 거의 없다.

선물에 깊은 의미를 부여하자면 내 손으로 직접 만든 선물이 몇 배 더 값지고 뜻 깊은 선물이다. 마음에서 우러나오는 진정성이 담긴 사랑스런 말 한마디와 함께 건네는 선물이야말로 받는 이를 감동시킨다. 작은 정성이 큰 기쁨으로 전달되는 귀하고 값진 선물만이 받는 이의 마음에 오래도록 남기 때문이다.

선물을 할 때는 남다른 센스가 필요하다. 훌륭한 선물은 아니더라도 기발하고 독창적이며 센스 있는 선물을 받고 감동한 기억은 오래도록 가슴에 남는다.

나는 해마다 명절이 되면 주위에 선물을 한다. 그렇다고 고가의 선물을 하는 것은 아니다. 비록 소박하지만 내 정성과 마음이 담긴 소박한 마음의 선물을 한다.

어느 해에는 강원도 특산물인 산나물을 주위 사람들에게 감사의 선물한 적이 있다. 강원도의 경제에 조금이나마 도움을 주고 싶어서였다. 그런데 남들처럼 백화점에서 주문해 선물한 것이 아니라 직접 강원도에도 가서 갖가지 나물을 사고, 그에 맞는 상자를 맞추고, 보자기까지 직접 골라 포장한 뒤 선물했다.

그런데 모든 사람들이 너무 좋은 선물이라고, 마음이 가득 담긴 이런 선물은 처음 받았다며 많은 사람들이 감사의 전화를 걸어왔다.

사실 다양한 종류의 나물 하나하나를 분류하고 포장하는 일을 쉽지 않다. 그럼에도 많은 시간을 투자해 하나하나 포장해 선물한 이유는, 보내는 이의 마음이 담겨야 한다는 내 지론 때문이다.

이처럼 선물은 마음의 꽃밭에 핀 꽃을 꺾어 바치는 일이다. 마음의 꽃밭에 갖가지 아름다운 꽃이 피어 있는 사람은 꺾어 바칠 꽃의 종류가 너무 많다. 상대가 누구이던 상관없다. 계절이 서둘러 떠나기 전에 빛나는 아름다움과 찬

란한 향기로 가득 찬 꽃밭에서 그대 이름에 꼭 어울리는 꽃을 꺾어 선물하면 받는 이의 기쁨은 배가 될 것이다.

꽃을 주면 꽃 주는 사람의 마음에 꽃이 피고 받는 사람의 마음에도 꽃이 핀다. 희망을 주면 희망 주는 사람의 마음에 희망이 샘솟고 받는 사람의 마음에도 희망이 샘솟는다. 이처럼 마음이 담긴 정성어린 선물은 받음으로 해서 주는 것이다. 선물을 하자. 마음을 주자. 마음보다 더 큰 선물은 없다. 선물을 주는 것은 선물을 받는 것이다.

링컨은 "미래가 좋은 것은 그것이 하루하루씩 다가오기 때문이다"라고 했다. 하루하루 그것은 당신에게 스스로 내용물을 결정할 수 있도록 허락하는 귀한 선물이다. 자신의 하루하루가 사랑과 기쁨의 선물이 되게 해야 한다.

하지만 가장 소중한 선물은 우리의 시간, 친절, 때로는 필요한 사람에게 위안을 주는 것이다.

10 누군가에게 매일 친절을 베풀자

 우러러 볼수록 더욱 높고, 팔수록 더욱 깊고, 친할수록 더욱 경외로운 곳에 진정 크고 아름다운 친절이 있다.—법구경

＊

　마더 테레사는 "친절한 말은 짧고 하기도 쉽지만 그 메아리는 오래 간다"고 했으며, 톨스토이는 "친절, 그것은 벙어리도 말할 수 있는 단어요, 귀머거리도 이해할 수 있는 단어이다. 세상을 아름답게 하고, 모든 비난을 해결하고 얽힌 것을 풀어헤치며, 어려운 일을 수월하게 만들고 암담한 것을 즐거움으로 바꾸는 것이 있다면 그것은 바로 친절"이라고 했다.

　칼릴 지브란은 "미모의 아름다움은 눈만을 즐겁게 하나

상냥한 태도는 영혼을 매료시킨다. 부드러움과 친절은 나약함과 절망의 징후들이 아니고 힘과 결단력의 표현"이라고 친절의 중요성을 강조했다.

또한 플라톤은 "사람은 남에게 친절하고 관대한 것이 자기 마음의 평화를 유지하는 길이다. 남을 행복하게 할 수 있는 사람만이 행복을 얻을 수 있다"고 했다.

친절은 우리의 삶을 기쁘게 해주는 아름다운 마음의 향기이다. 진심에서 우러나오는 친절은 상대방에게 희망과 용기를 준다. 너와 내가 하나가 되는 열린 마음으로 서로를 위해 친절을 실천해야 한다. 상냥하고 친절한 태도는 영혼을 매료시키기에 남을 행복하게 할 수 있는 사람만이 행복을 얻을 수 있다.

친절이란 상대방의 입장이 되어 배려하는 따뜻한 마음이 행동으로 표현된 것이다. 친절한 사람은 나만의 이익을 추구하여 다른 사람에게 해를 주지 않고, 더 나아가서는 남이 곤경에 처했을 때보다 적극적으로 도움을 주는 사람이다. 친절한 행동을 하면, 자신은 물론 주변 사람들 모두가 유쾌해지고 기분이 좋아진다.

내가 생각하는 친절이란 남에게 보여주기 위해 베푸는 것이 아니라 내 마음에서 진정으로 우러나와 하는 것이 진정한 친절이다.

남에게 존경받기 위해 내키지도 않으면서 억지로 하는 것은 친절이 아니다. 하지만 자신이 진정한 마음에서 우러나와서 베푸는 친절은 남들도 감사할 뿐 아니라 자신이 하고 난 후에는 가슴이 뿌듯하다.

친절하고 예의 있게 상대방을 대해 주면 서로 기분이 좋고 즐거운 마음이 될 수 있다는 것을 우리는 잊고 생활하고 있다. 우리 삶에 큰 가치와 향기를 놓치면서 살아가고 있는 것이다. 점점 각박해지고 남을 배려하지 않고 양보가 없는 세상으로 변해 가는 우리의 인정이 안타깝게 느껴진다.

너는 너, 나는 나라는 식으로 서로를 돌같이 본다면 우리가 사는 이 사회는 너무나 삭막하다. 친절과 웃음이 있는 곳에 복이 찾아온다는 것을 잊어서는 안 된다.

＊＊

괴테는 "친절은 사회를 움직이는 황금의 쇠사슬이다. 사람은 남을 칭찬함으로써 자기가 낮아지는 것이 아니다. 도리어 자기를 상대방과 같은 위치에 놓는 것이 된다"고 했고, 프랭클린은 "모든 사람에게 예절 바르고, 많은 사람에게 친절한 사람은 아무에게도 적이 되지 않는다"고 했다.

라로슈푸코는 "어리석은 사람은 친절한 사람이 될 만한 인품을 갖지 못하는 것이 보통이다. 남에게 친절해야 하는 것은 그 자신의 인품을 높이는 것이 된다"고 했다. 친절한 마음은 이 세상의 가장 강력한 힘이기 때문이다.

커네이는 "조그마한 친절이, 한마디 사랑의 말이 저 위의 하늘나라처럼 이 땅을 즐거운 곳으로 만든다"고 했으며, 체스터필드는 "친절은 온갖 모순을 해결하면서 생활을 장식한다"고 했고, 엘리스톤은 "친절의 어루만짐이 있다면, 하루 생활은 참으로 아름다울 것이다"라고 했다.

케네스 클라크는 "완벽한 친절은 자신이 친절인 줄도 모르고 행동한다. 인간의 행위에서 가장 중요한 것이 무엇이냐고 물으면, 압도적 다수는 친절이라고 대답할 것이다"라고 했다.

파스칼은 "자기에게 이로울 때만 남에게 친절하고 어질게 대하지 말라. 지혜로운 사람은 이해관계를 떠나서 누구에게나 친절하고 어진 마음으로 대한다. 왜냐하면 어진 마음 자체가 나에게 따스한 체온이 되기 때문"이라고 했고, 마크 트웨인은 "친절이란 귀먹은 사람이 들을 수 있고 눈먼 사람이 볼 수 있는 언어"라고 했다.

아리스토텔레스는 "그릇이 큰 사람은 남에게 호의와 친

절을 베풀어주는 것으로 자신의 기쁨으로 삼는다. 그리고 자신이 남에게 의지하고 남의 호의를 받은 것을 부끄럽게 생각한다. 즉 내가 남에게 베푸는 친절은 그만큼 자신이 그 사람보다 낮다는 얘기가 되지만, 남의 친절을 바라고 남의 호의를 받는 것은 그만큼 내가 그 사람보다 못하다는 의미가 되는 까닭이"라고 했다.

친절한 마음은 기름진 밭이요, 친절한 생각은 튼튼한 뿌리요, 친절한 말은 아름다운 꽃이요, 친절한 행위는 맛있는 열매이기 때문이다. 진정한 친절은 약자나 강자의 구별 없이 한결 같은 마음으로 베푸는 것이다.

친절이란 자신을 지키기 위한 절대의 무기가 아니라 삶의 기본임을 잊어서는 안 된다. 남을 위한 겸손과 친절을 자연스럽게 몸에 배게 할 때 사람들과의 관계에 있어서 우위에 설 수 있다.

또한 친절을 베풀면 배려하고 양보하고 도와주는 그 마음에 스트레스가 없어 건강에 좋다. 주위 사람들에게 호감을 살 뿐아니라 사소한 일에 화내지 않고 작은 약점쯤은 눈감아 줄 수 있게 된다. 똑같은 일을 해도 동료와 고객은 친절한 당신에게 후한 평가를 주어 경쟁에서도 유리하다.

자신이 남들에게 관대한 만큼 남들도 자신에게 관대하게

대해줘 작은 실수쯤은 눈 감아준다. 평소 베풀고 쌓아둔 친절은 나중에 더 큰 몫으로 자신에게 되돌아오며, 타인을 내 사람으로 만들 수 있는 좋은 기회이다.

* * *

우리 모두가 살기가 바빠 웃음을 잃고 살아가는 세상이 지만, 항상 웃음이 있고 친절을 나누는 사랑의 이웃이 되어 야 한다. 이것이 사람이 사는 인정사회이며 즐겁고 살맛나 는 사회이다.

특히 남을 배려하는 예의 바른 친절은 자신과 사회를 명 랑하고 아름답게 변화시키는데 큰 마력을 발휘한다. 비록 작은 친절일지라도 세상을 따뜻하게 만들어주는 동력이다.

우리는 힘없는 사람이나 성공한 사람, 자신의 상사, 한창 탄탄대로를 걷고 있는 사람들 누구에게나 평등하게 친절을 베풀 수 있어야 한다. 약자나 곤경에 처해 있는 사람에게만 친절을 베풀기 때문에 약자만이 자신의 주변에 몰리게 되 는 것이다.

그러나 이러한 상황에서는 자신의 발전을 기대하기가 어 렵다. 위대한 사람을 위대한 사람으로 인정하고 그 성공을 솔직하게 칭찬해 줄 수 있어야 한다. 그러한 마음가짐이 자신을 크게 만들어준다.

다시 한 번 강조하지만 성공하고자 마음을 먹었다면 약자에게도 강자에게도 한결같이 친절을 베풀어야 한다. 이것이 진정한 친절이다.

사랑받는 사람은 사랑받는 그 이유가 있다. 인기가 있는 사람도 인기 있는 그 이유가 있다. 친절하기 때문이다.

자신에게는 물론 다른 사람에게 친절하고 관대하면 마음의 평화를 유지할 수 있다. 친절하면 마음의 체온도 따뜻해질 뿐아니라 성공을 향하는 지름길이기도 하다.

친절은 결코 남을 위한 것이 아니라 자신을 위한 것이라고 생각해야 한다. 지금 당장 제일 가까이 있는 사람들에게 친절을 베풀어보자. 작은 친절부터 실천하면 그의 보상이 자신에게 돌아온다.

여행자가 주는 인생 레시피
ⓒ 최두형, 2013.

제1판 제1쇄 찍음 │ 2013년 2월 10일
제1판 제1쇄 펴냄 │ 2013년 2월 20일

지 은 이 │ 최두형
펴 낸 이 │ 이영희
펴 낸 곳 │ 이미지북

등록번호 │ 제2-2795호(1999. 4. 10)
주   소 │ 서울시 강남구 논현로113길 13(논현동) 우창빌딩 202호
대표전화 │ 02) 483-7025, 팩시밀리 02) 483-3213
전자우편 │ ibook99@naver.com

ISBN 978-89-89224-21-1   03040

이 도서의 국립중앙도서관 출판시도서목록(CIP)은 e-CIP홈페이지(http://www.
nl.go.kr/ecip)에서 이용하실 수 있습니다. CIP제어번호 : CIP2013000849